本书系全国教育科学规划教育部重点课题"抗战时期国立大学导师制探索"（项目编号：DEA190354）的研究成果

牛津哈佛的引入：

20世纪前期中国大学导师制的探索

卢美艳 著

浙江工商大学出版社 | 杭州
ZHEJIANG GONGSHANG UNIVERSITY PRESS

图书在版编目(CIP)数据

牛津哈佛的引入：20世纪前期中国大学导师制的探索 / 卢美艳著. —杭州：浙江工商大学出版社，2022.11

ISBN 978-7-5178-5191-2

Ⅰ. ①牛… Ⅱ. ①卢… Ⅲ. ①高等学校—导师制—研究—中国—20世纪 Ⅳ. ①G649.21

中国版本图书馆 CIP 数据核字(2022)第217352号

牛津哈佛的引入：20世纪前期中国大学导师制的探索

NIUJIN HAFO DE YINRU：20 SHIJI QIANQI ZHONGGUO DAXUE DAOSHI ZHI DE TANSUO

卢美艳 著

责任编辑	董文娟　王　英
责任校对	夏湘娣
封面设计	望宸文化
责任印制	包建辉
出版发行	浙江工商大学出版社
	（杭州市教工路198号　邮政编码310012）
	（E-mail：zjgsupress@163.com）
	（网址：http://www.zjgsupress.com）
	电话：0571-88904980,88831806(传真)
排　版	杭州朝曦图文设计有限公司
印　刷	浙江全能工艺美术印刷有限公司
开　本	880mm×1230mm　1/32
印　张	6.5
字　数	140千
版 印 次	2022年11月第1版　2022年11月第1次印刷
书　号	ISBN 978-7-5178-5191-2
定　价	42.00元

目 录

第 一 章

绪 论

导师制(Tutorial System)指"高等教育中(特别用于牛津大学和剑桥大学的学院)的一种教学方法。其方法是以导师个别指导(而不是以讲课)为中心"①的。在我国的语境里,导师制是"高等学校实行的一种由教师对学生的学习、品德和生活等进行个别指导的教学制度"②。结合以上两种定义,本书中的导师制指在高等学校实行的一种由专门的教师对学生的学习、品德、生活等方面进行个别指导的教育教学制度。

14世纪,导师制起源于英国牛津大学。到了20世纪初,其被以哈佛大学为代表的高校引入美国。在我国近代高等教育史上,民国初年就有高校探索试行导师制,早期名曰"顾问制度",用以加强教师对学生的学业、生活等方面的教育指导。可以说,萌芽于英国的导师制现已在世界各国生根发芽。导师制之所以会被诸多大学奉为圭臬,离不

① 德·朗特里.西方教育词典[M].陈建平,杨立义,邵霞君,等译.上海:上海译文出版社,1988:436.
② 顾明远.教育大辞典[M].增订合编本.上海:上海教育出版社,1998:233.

开"大学（University）"的题中应有之义，即：将追求科学知识和精神生活的人聚集在一起，以便于师生（生生）携手、共同研究，而师生之间如切如磋的"论道"，以及生生间无时不在的精神交往，均可助益每名学生，促其"成材"和"成人"。①

20世纪20年代至40年代中期，诸多高校纷纷开始引进英国牛津大学和美国哈佛大学的导师制，并结合自身实际对导师制进行了探索和改良。在这些高校中，以大夏大学、燕京大学和国立浙江大学为翘楚，因为大夏大学是民国时期最早实施导师制的高校，燕京大学则是全面效仿英国牛津大学社会科学荣誉学位课程导师制的典型代表，而国立浙江大学更是因其导师制施行的系统化、规则化和人才培养的杰出效果而成为民国时期实施导师制高校中的典范。这些大学推崇导师制出于不同缘由：有些旨在改善师生关系，有些旨在培养跨学科人才，也有些旨在改革学分制度，等等。个中也都经历了从试行、试教到全面铺开的曲折探索过程，可喜的是，都取得了一定成效。只是后来，由于抗日战争的爆发、财政经费的不足、南京国民政府的教育部制定和颁布的一系列法令等，这三所大学在20世纪40年代不得不先后停止施行导师制。这些大学对导师制的探索和实践是民国教育史上不可磨灭的光辉一页，对于当前高等教育机构的教育教学制度改革具有极其重要的启示意义。因此，本书拟以导师制为切入点，在对英国牛津大学和美国哈佛大学的导师制的历史变迁进行系统梳理的基础上，考察以大夏大学、燕京大学和国立浙江大学为代表的民国时期大学各

---

① 陈平原.北大精神及其他[M].上海：上海文艺出版社，2000：208.

自实施导师制的缘由、具体举措、育人效果,进而总结其经验教训,以期为当代高校的人才培养提供一些历史借鉴。

第一节 学术史梳理

长期以来,学界多聚焦于导师制的当代研究,如导师制的定义内涵、实施困境等,而对历史研究和比较研究的关注度不够,不仅鲜有系统的历史个案研究,从历史视角切入的国内外系统比较研究更是少之又少。因此,这很难呈现出导师制历史变迁的整体面貌。根据目前已有的文献资料,国内外学者的相关研究大致可分成以下四类。

一、有关导师制实施的个案研究

关于此类研究,国内学者以介绍和描述为主,如杜祥锋和何亚平回顾了抗日战争时期国立浙江大学实施本科生导师制的历史背景和效果。杜祥锋和何亚平认为,地利优势、师资雄厚、学生勤敏促使国立浙江大学的导师制实施效果显著,弘扬了师德,培养了学生的健全人格和创新能力。[①]再如,张家勇和张家智介绍了哈佛大学宿舍导师制的分类和职责:美国哈佛大学的住宿导师分为新生导师和高年级导师两种,新生指导团由新生办公室主任及导师组成。宿舍导师制或新生导师制,指为新生配备由三人组成的导师组,通常由教师、学校管理人

---

① 杜祥锋,何亚平.竺可桢与浙江大学导师制[J].现代大学教育,2003(6):95-97.

员和高年级学生组成，指导内容侧重生活方面，而高年级分为四个层次，包括舍监、奥尔斯通·布尔高级导师、导师和工作人员。[①]张家勇和王报平则聚焦于哈佛大学导师制的贡献，即对课程的一种辅助效果，他们指出，哈佛大学宿舍导师制从2002年开始由一名副校长专门负责，并可细分为新生辅导、住宿辅导、专业辅导三种，并且都以住宿学院为核心，只是导师结构和指导侧重点会根据年级和学习阶段的变化而不同。[②]

不同于国内研究的以描述和引介为主，国外的个案研究常常为聚焦于师生体验的实证研究，其以大卫·帕尔菲曼（David Palfreyman）和保罗·阿什文（Paul Ashwin）为代表。牛津大学的大卫·帕尔菲曼教授从人文社会科学、自然科学和工程学院不同专业的导师角度对牛津大学本科生导师制进行了全面的介绍。[③]同时，他还指出牛津大学导师制的历史变迁及实施目标：牛津大学的导师制教学经历了从宗教传播到个性化教学的转变，教师由经济监护人转变为学习引导者，导师的职责与其说是教授知识，不如说是对学生自主学习的监督和对学生独立思考、批判思维的指导；[④]博雅教育（Liberal Education）要求的可迁

---

① 张家勇,张家智.哈佛大学本科生住宿制和导师制[J].比较教育研究,2007(1)：75-79.

② 张家勇,王报平.哈佛大学本科生辅导和咨询制度改革及启示[J].理工高教研究,2008(1)：29-33.

③ PALFREYMAN D. The Oxford tutorial："thanks，you taught me how to think"[M]. Oxford：The Oxford Centre for Higher Education Policy Studies，2002.

④ RYAN A. A liberal education and that includes the sciences[M]//PALFREYMAN D. The Oxford tutorial："thanks，you taught me how to think". Oxford：The Oxford Centre for Higher Education Policy Studies，2002：38-48.

移的技能(transferrable skills)提倡学生积极参与知识的创造,其与牛津大学导师制的目标不谋而合,"如果牛津大学导师制有什么压倒一切的目标,那么就是实现高等教育的改革性、颠覆性及创造性特征"①。保罗·阿什文则分别从学生和导师的角度考察了他们对牛津大学导师制的看法。②类似的研究还有摩尔的导师制三原则:关注个体、师生合作及对知识的特别看法③。总体而言,这类研究大多关注大学导师制个案的具体实施举措和实施效果。并且,与国内以介绍性的期刊论文为主不同,国外有不少实证取向的论著和编著。

二、国内外导师制的比较研究

此类研究中,有部分侧重对国内不同大学的比较,如刘振宇(2012)对民国时期各高校的导师制实施状况进行了初步的分类和梳理。④不过,更多的是侧重对国内外大学导师制的比较,且一般聚焦在导师制的具体实施举措上。如过勇(2016)在对哈佛大学导师制与国内导师制进行比较后指出,以哈佛大学为代表的美国研究型大学的导

---

① SHALE S. The Oxford tutorial in the context of theory on student learning: "knowledge is a wild thing, and must be hunted before it can be tamed"[M]// PALFREYMAN D. The Oxford tutorial: "thanks, you taught me how to think". Oxford: The Oxford Centre for Higher Education Policy Studies, 2002: 90-95.

② ASHWIN P. Variation in students' experiences of the "Oxford tutorial"[J]. Higher education, 2005, 50(4): 631-644.

③ An Oxford education: studying at Oxford[EB/OL].(2011-10-05)[2022-02-22]. http://www. ox. ac. uk/about the_university/introducing oxford/an_oxford_education/studying/index.html.

④ 刘振宇.论民国时期高校导师制的施行[J].高教探索,2012(6):94.

师制需要强大的通识教育体系加以配套,因此其可能不适合我国国情,但加强通识教育可以促进创新人才的培养于我国而言是一项有益的启示。①另外,国内有不少本科论文、硕士论文以此为主题展开了具体研究,如程瑞芳(2010)对浙江大学导师制与牛津大学导师制做了初步的实证研究,内容包括各自的历史渊源、导师制特色、实施的具体举措、实施效果和发展前景等。②金津(2011)、吴玮(2007)则分别以精英大学和荣誉学院为切入点,对中美英三国的导师制进行了比较。总体而言,与此类研究相关的专著和期刊论文较少,本科论文、硕士论文相对多些,不过数据选取范围一般较小,且主要是以某个学院为例进行对比研究的。

三、聚焦国外导师制与本土融合发展的研究

国内学者如邓磊、杨甜③,以及周雁翎、周志刚④等对牛津大学导师制在我国的引入过程中可能碰到的困难和挑战做过相关分析,他们认为,问题主要表现在本科生导师制的理念缺位和实施过程中碰到的实际困难这两个方面。前者以李国仓,以及何齐宗、蔡连玉等的研究为

---

① 过勇.本科教育的组织模式:哈佛大学的启示[J].高等教育研究,2016,37(1):64-73.
② 程瑞芳.高校本科生导师制的比较研究:以牛津大学和浙江大学为例[D].杭州:浙江大学,2010.
③ 邓磊,杨甜.古典大学文化生活的现代续延:英式住宿学院的缘起、承继与启示[J].高等教育研究,2013,34(9):89-94.
④ 周雁翎,周志刚.学院传统与牛桥导师制[J].清华大学教育研究,2011,32(6):46-53.

代表,他们指出,在本科生导师制探索过程中,普遍存在简单模仿国外
导师制和缺乏思想共识文化土壤的问题。如:相对于牛津大学导师
制,我国的本科生导师制仅是模仿的形式化现象[①];"本科生导师制在
国内缺乏思想共识与文化支持"[②];"嫁接式移植难以形成思想共识"[③]。
另有学者提供了一些建议,如:应构建师生间的有效教育关系,因为这
个有效教育关系正是牛津大学创新教育得以成功的关键要素[④];导师指
导时可注重隐性知识的传承,因为这一点正是"牛津大学导师制成功的
秘诀"[⑤]。

对于同样是从别国引进的美国大学导师制,国外也有不少相关研
究,只是不同于国内研究,其以专著的系统梳理为主,如对牛津、剑桥
学院结构的美式阐释与重构——群聚学院(Cluster College)理念的提
出等等。[⑥]其中,以亚历克斯·杜克(Alex Duke)的《牛津剑桥的引入:
英式住宿学院与美国大学(1894—1980)》和阿尔伯特·劳伦斯·洛厄尔

① 李国仓.应然与实然的距离:牛津大学导师制在我国的发展与困境[J].中国高
　教研究,2013(8):55-59.
② 何齐宗,蔡连玉.本科生导师制:形式主义与思想共识[J].高等教育研究,2012
　(1):76-80,85.
③ 刘济良,王洪席.本科生导师制:症结与超越[J].教育研究,2013,34(11):
　53-56.
④ 李莉.牛津大学导师制下的教育关系分析[J].黑龙江高教研究,2009(2):
　39-41.
⑤ 齐艳霞,尹春洁.从"隐性知识论"看牛津大学的导师制[J].全球教育展望,2004
　(9):56-58.
⑥ GAFF J R et al. The cluster college concept[M]. San Francisco: Jossey-Bass,
　1970:9.

（Abbott Lawrence Lowell，1856—1943）的个人传记为代表。前者对19世纪末至20世纪80年代美国式学院制及导师制兴起、发展及变迁的背景原因与过程进行了深入的剖析；[①]后者则详细介绍了20世纪20年代哈佛大学引入导师制后，其曲折的发展历程。1909年，洛厄尔接任哈佛大学校长后为了提高哈佛大学的本科教学质量，对自由选课制进行了改革，实施课程的集中与分配制度，导师制就是作为课程学习的一种辅助措施而被推出的。这项导师制以哈佛大学原有的教师顾问制为基础，教师顾问制由助理院长卡斯尔（Castle）在1909—1910年提议设立，主要针对高年级学生，为他们提供个别辅导。同时，洛厄尔校长对于牛津大学的学院制也非常推崇，在获得足够资金后，他兴建了很多本科生专用的宿舍，并配备了宿舍导师制，为学生提供学习和生活方面的辅导。[②]总体而言，这类研究在国内以分析性的期刊论文为主，而在国外则以系统梳理的专著为主。

四、有关英美大学导师制历史变迁梳理的研究

国内早期的研究以欧元怀（1938）为代表，其对20世纪二三十年代导师制在我国兴起的缘由进行了剖析，即高校发展较快、学生人数激增，而教师身兼多职在当时比较普遍，师生关系日趋淡漠；[③]当代相

① DUKE A. Importing Oxbridge：English residential colleges and American universities [M]. New Haven：Yale University Press，1996：172.

② YEOMANS H A. Abbott Lawrence Lowell，1856—1943[M]. Cambridge，Mass.：Harvard University Press，1948：155.

③ 欧元怀.推行导师制平议[J].教育通讯（汉口），1938(32)：4-7.

关研究则以杜智萍(2008)为代表,其不仅系统梳理了19世纪以来牛津大学导师制的发展史,而且对牛津大学导师制发展过程中两位重要人物——约翰·亨利·纽曼(John Henry Newman,1801—1890)和本杰明·乔义特(Benjamin Jowett,1817—1893)及其贡献进行了介绍,此外,其还指出了不同历史时期牛津大学导师制在导师职业和导师教学两方面所呈现的特点,以期对我国本科生导师制的发展和完善提供借鉴。①

　　国外的研究以聚焦牛津大学导师制的专著居多,期刊论文较少,有关内容常常散落于相关的研究专著中,如15世纪导师的职责与导师指导内容②、16世纪导师的职责、③导师制最初的创建目的④,以及19世纪导师制度的改革⑤,相关内容可以在这些与牛津大学和剑桥大学有关的书籍中找到。其中,对牛津大学导师制的历史变迁与当前挑战的系统梳理以特德·塔帕(Tapper T.)和大卫·帕尔菲曼的两部专著为代表。他们的一部专著——《牛津大学和学院制传统的衰落》中指出,

① 杜智萍.19世纪以来牛津大学导师制发展研究[D].保定:河北大学,2008.

② TAPPER T, SALTER B. Oxford, Cambridge and the changing idea of the university: the challenge to donnish domination [M]. Berkshire: Open University Press, 1992: 556.

③ CURTIS M H. Oxford and Cambridge in transition, 1558—1642: an essay on the changing relations between the English universities and English society [M]. Oxford: Clarendon Press, 1959: 71-72.

④ HAMILTON S W. Universities of England-Oxford [J]. Edinburgh review, 1831 (53): 394-395.

⑤ BROOKE C, HIGHFIELD R. Oxford and Cambridge [M]. Cambridge: Cambridge University Press, 1988: 273-298.

牛津大学导师制当前所面临的挑战主要来自学院的自治权被削弱。[①]他们的另一部专著——《学院制及其当代挑战》中则进一步指出，为了应对这些挑战，牛津大学的导师们并不希望用增加指导学生的数量来降低导师制的经济成本，而更倾向于雇用兼职导师或助理导师。因为如果增加指导的学生数量，学生在导师课上获得的个人关注就会显著减少，传统的学生自学和教学相得益彰的体系也可能被削弱，而雇用兼职导师则可以维持这一对学生个体高频关注的教学形式。[②]美国方面也有类似专著，内容涉及对普林斯顿指导教师计划（Preceptorial Plan）的介绍[③]。总体而言，在国外，这类研究的成果以系统梳理的专著为主，而国内的类似研究成果远远少于国外。

综观已有研究成果可以发现，国外的相关研究成果以专题著作居多，尤其是关于牛津大学导师制的研究，表现出实证取向、系统分析、全面取材的特点。反观国内的相关研究，虽然数量不少，但相比于国外的相关研究，尚未成体系，主要有以下三个特点。

第一，已有研究多从微观着手，以围绕某一大学进行个案专题研究为主，相对来讲，宏观和整体性的研究较少。研究成果以期刊论文和硕士论文居多，专著极少。这些研究由于篇幅较短，无法充分展开。

第二，已有研究不平衡，主要表现在研究对象类型选取不平衡、研

① TAPPER T, PALFREYMAN D. Oxford and the decline of the collegiate tradition [M]. London：Routledge，2000：vii.

② TAPPER T, PALFREYMAN D. The collegial tradition in the age of mass higher education[M]. Dordrecht：Springer，2010：39-55.

③ LEITCH A. A princeton companion[M]. Princeton：Princeton University Press，1978：374.

究对象过于集中、研究层次不平衡和研究语料不均衡这四个方面。研究对象类型选取不平衡和研究对象过于集中指以牛津大学和浙江大学为研究对象的居多，涉及面过窄；研究层次不平衡指以导师制为主题的相关研究以硕士论文居多，博士论文极少，只是在高校的精英人才培养模式研究、一流大学个性化人才培养模式研究等少量论文中偶有提及本科生导师制问题；研究语料不均衡表现在中文语料和二手英文语料较多，一手英文语料较少。导师制发源于英国的牛津大学，后来逐渐传播至美国、中国等其他国家，如果能根据一手英文语料对其发生、发展及演变过程做一回溯与整理，就可以进一步加深对导师制的理解，从而有利于我国高校因地制宜地进行借鉴和学习。

　　第三，系统的分析比较研究较少，以对我国各类型大学导师制的实施与探索的比较研究为主，而对不同国家、不同高等教育制度下的导师制的比较研究较少，对民国时期同一类型不同高校本科生导师制的比较研究与系统分析更少。

　　综上所述，本书将以现有的研究为基础，聚焦以大夏大学、燕京大学和国立浙江大学为代表的民国时期大学的导师制，全面分析其实施原因，系统梳理其历史变迁，并对实施效果进行深入挖掘和分析，以期对民国时期大学的导师制有一个较全面、系统的认识和总结。

第二节　研究思路与主要内容

　　本研究拟在分析国内外大学导师制历史实施经验和教训的基础

上，初步勾勒出民国时期大学导师制实施情况的概貌，以探究其历史经验供当代借鉴。本研究的意义主要包括理论意义和现实意义两个方面。在大学扩招和国际高等教育迅猛发展的双重压力下，我国的高等教育应如何实现内涵式发展？这是迫在眉睫的一个突出问题，其中对本科生教育的改革更是重中之重。本研究的意义在于通过对作为人才培养制度的一个重要组成部分的导师制进行历史比较分析，为我国高校本科生导师制及人才培养制度的优化和完善提供一定的积极参考。

本研究的核心问题是：民国时期大学导师制的历史如何演变？有过哪些引入与革新措施？为了更加深入地分析这些问题，本研究将围绕以下三个子问题展开论述：

（1）民国时期的大学对导师制曾做过哪些探索和实践？

（2）对比牛津大学和哈佛大学的导师制实践，民国时期各大学在导师制上做了何种借鉴、改革与创新？

（3）民国时期各大学的导师制实践与探索对于当前高校的人才培养制度有何借鉴与启示？

基于以上研究思路和研究目的，本书的主要内容如下：

第一章拟通过对学术史的梳理，阐释本研究的意义和价值。

第二章主要探讨导师制在英国大学特别是牛津大学的缘起与发展演变，纽曼的博雅教育理念对牛津大学导师制的影响，以及牛津大学导师制从培养牧师的宗教传统到创建学院制，从而成为历久弥新的现代教学制度的过程。

第三章主要探讨美国的诸多大学为何在19世纪末20世纪初纷纷

决定引入牛津大学和剑桥大学的导师制？哈佛大学校长洛厄尔等美国高等教育领导者为何提出"整全之人（Educating the Whole Man）"教育理念？哈佛大学如何从效仿牛津大学的学院导师制到改革选课制、筹建学舍，进而发展出咨询导师制、教学导师制和研究导师制并举的美国特色？

第四章主要探讨清华大学国学研究院整合传统书院制与导师制的尝试过程，以及大夏大学结合本校"师生合作"的传统对导师制进行不断改良，从而丰富本校精神的历史。

第五章主要探讨牛津大学的哲学、政治学和经济学荣誉学位导师制在跨学科人才培养方面的实践，以及20世纪30年代燕京大学在吴文藻的带领下效仿牛津大学开展荣誉学位导师制的试教与推行的短暂历史。

第六章主要探讨竺可桢引进哈佛大学洛厄尔导师制的历史背景，以及其结合本校实际进行不断探索和改良，从而使导师制成为国立浙江大学发展的强力助推器，促使其在被迫屡次西迁的境况下，仍筚路蓝缕，一跃成为四大国立大学之一的历程。同时，本章还将详细阐述国立浙江大学的训导长——费巩（1905—1945）教授的导师制理念及其对国立浙江大学导师制的贡献。

第七章拟总结牛津大学和哈佛大学导师制发展的历史经验，探究20世纪20年代至40年代影响我国大学导师制实施结果的因素及其对当代高校人才培养的历史借鉴和当代启示。

本研究主要采用历史研究与比较研究这两种方法。

一方面，历史研究可以从纵向维度帮助我们把握事物的发展脉络。而研究历史，首先得学会阅读各种历史的符号，因为历史学的研究对象是"一个符号宇宙——一个由各种符号组成的世界。一切历史的事实，不管它看上去显得多么简单，都只有借着对各种符号的事先分析才能被规定和理解。除各种文献或遗迹以外，没有任何事物或事件能成为我们历史知识的第一手的直接对象。只有通过这些符号材料的媒介和中介，我们才能把握真实的历史材料——过去的事件和人物"①。因此，本研究将追本溯源，选取国内外代表性大学进行调研，对其各历史时期的导师制实施情况，以及相关历史背景、时代特点等多种历史符号进行阅读和阐释，以求一窥导师制在国内外的历史变迁过程。

另一方面，比较研究则可以从横向维度帮助我们剖析事物的差异和内涵。"向别国学习，借鉴别国的思想并在本国推行改革"是比较教育研究的主要目的之一。②我国的导师制在很大程度上是在借鉴了以英国牛津大学和美国哈佛大学为代表的国外大学导师制经验后，根据中国本土实际进行的一种创新和发展实践。既然如此，那就很有必要广泛和深入地了解英美两国导师制的由来、发展和现状，更重要的是，要把握英美两国导师制教学的实践过程、具体成效、面临的问题，以及未来的可能走向。只有这样，我国的导师制教学实践才不会仅仅作为一个概念或流行的词语。无论是历史研究，还是比较研究，其意义和目的都在于更好地指导实践。

---

① 恩斯特·卡西尔.人论[M].甘阳，译.上海：上海译文出版社，2004：241.

② 马尔科姆·泰特.高等教育研究：进展与方法[M].侯定凯，译.北京：北京大学出版社，2007：209.

第二章

博雅教育与牛津大学导师制

英国学者阿什比曾指出："大学的变革必须以固有的传统为基础。"[1]大学变革如此,导师制教学亦是如此。牛津大学的教育理念是尊重学生的个性,并鼓励他们进行独立思考和全面发展,而导师制教学就是这一教育理念最忠诚也最有效的贯彻工具之一。牛津大学导师制影响深远,在世界各地拥趸者众多,不管是英国本土还是美国、中国,甚至德国都对牛津大学导师制进行了借鉴和学习。虽然各国最终实施的导帅制模式不尽相同,但都把导师制教学作为其人才培养的一个重要组成部分。

第一节　导师制在英国大学的缘起与发展演变

导师制起源于牛津大学。从牛津大学导师制的早期活动与发展

---

[1] 阿什比.科技发达时代的大学教育[M].滕大春,滕大生,译.北京:人民教育出版社,1983:20.

历程来看,其最初的形式类似于学院的一种非常规的课外学习辅导活动。在中世纪,牛津大学和剑桥大学的课程体系与欧洲其他大学基本类似,两所大学的课程都强调对逻辑学和雄辩术的严格训练,旨在使那些希望在行政、法律、教会和学术等领域从事相关工作的毕业生从中获益。当时的授课通常是以讲座和辩论的方式进行,主要由摄政导师(regent masters)及刚刚获得学位、尚须留在学校完成规定教学任务的毕业生承担。

在中世纪的牛津大学和剑桥大学中,学院所发挥的功能比较有限。大多数学生并不住在学院里,而是住在公寓里。这些公寓在牛津大学被称为会馆(aulae)或学舍(halls),在剑桥大学则被称为寝舍(hostels)。无论是会馆、学舍还是寝舍,都属于营利性住宿机构,且一般仅能容纳十到十八名学生。[①]与公寓不同,学院最初的功能类似于一种慈善机构,其主要是为法学、医学和神学专业经济困难的学生提供一定的资助以保障其住宿和学习经费。这些大学生主要来自中产阶级家庭,他们在获得学位之前的整个求学期间,常常需要寻求一定的经费资助来维系大学的生活。学院正是基于此种需求应运而生的,中世纪多数英国大学的学院最初是由私人捐赠而成的。因为当时的教会和王室,都有在大学中培养训练有素的工作人员的需求,所以许多教会要员或王室大臣常常出资创建学院,为附近的学生提供住宿和一定的经费资助,类似于慈善机构。牛津大学的默顿学院(Merton

---

① COBBAN A B. The medieval English universities: Oxford and Cambridge to c. 1500[M]. Berkeley: University of California Press, 1988: 153-154.

第二章
博雅教育与牛津大学导师制

College)是其中的典型,其运行方式是所有研究生共同推选学院的教授(fellows)来治理本学院,教授从研究生群体中产生,再由全体教授共同讨论选出学院的首席教授。另外,负责处理学院日常事务的其他行政人员也通常从教授当中选举产生。不过,学院教授的产生很少采取公开竞选的方式,他们一般为出资人的家族成员、特定学校的毕业生等。学院对院士实行的是终身制,一旦被选中,其将会获得资助并享有特权,除非其选择了结婚,或者找到了另外一个待遇更好的职位,或者去世了。①随着时间的推移,为防止住在学院的学生在外滋事,学院开始配备教师来管理学生,并逐渐形成了严格的管理纪律。到13世纪的时候,学院的教师除了管理学生,又增加了一些对住在学院的学生偶尔进行额外讲授的辅助性指导职责。②

14世纪,随着学院成为大学教学中心,学院对教学活动有了支配权,牛津大学的新学院才率先对学生的学业和品行实行个别指导,但指导重点仍在监督学生的品行上,尚未形成规范的个别辅导教学制度。直到15世纪,个别辅导教学才被新学院正式确立为一种与讲座制教学并立的常规事务,新学院还为学生配备了导师,但彼时的导师职责重点依然在于对学生的品行进行指导,导师对学生的教学指导主要是推荐一些阅读书籍,学生无须上交论文给导师,至于师生见面的

---

① HAMILTON S W. Universities of England-Oxford [J]. Edinburgh review, 1831(53): 395.

② 贺国庆,王保星,朱文富,等.外国高等教育史[M].北京:人民教育出版社,2003:62.

时间、内容等则完全由导师决定。①

1521年，英国国王亨利八世（Henry Ⅷ，1491—1547）宣布取缔天主教的特权，成立了英国国教，这意味着修习教会法不再是民众的向上通道，那些想在政府机关占据一席之地的人不得不转而通过进入大学学习来获得升迁机会。于是，希望谋得一官半职的绅士后代和贵族子弟大量涌入英国各大学。在此背景下，各学院迅速抓住时机将这些新型学生发展为学院成员，从而使英式学院进入快速发展阶段。由于当时的英国政府将天主教堂的财产充公，大量学院不得不重新寻找赞助者，招收付费学生便是其中的一项对策。为了加强对这批自费学生的道德行为和个人生活的监督管理，学院专门从教授当中遴选导师为其提供指导。当时，导师的职责主要是确保这些学生能如期缴纳学费，并监督其言行。②

16世纪中期，专业课程渐渐被以古典知识为基础的课程所取代。当学院加强了对学生寄宿市场的控制之后，以伊丽莎白一世（Elizabeth Ⅰ，1533—1603）为代表的都铎王朝和以詹姆士一世（James Ⅰ，1566—1625）为代表的斯图亚特王朝诸君主发现，通过扶持学院联盟来对大学实施控制可以为政府带来显著的政治利益。于是，从17世纪中期开始，各个学院的负责人逐渐凝聚成了一个寡头联合体，取代了摄政

---

① TAPPER T, SALTER B. Oxford, Cambridge and the changing idea of the university: the challenge to donnish domination[M]. Berkshire: Open University Press, 1992: 556.

② CURTIS M H. Oxford and Cambridge in transition, 1558—1642: an essay on the changing relations between the English universities and English society[M]. Oxford: Clarendon Press, 1959: 71-72.

导师的统治地位,控制了大学的治理权。当时的牛津大学和剑桥大学由于与政府组织机构过从甚密,作为知识中心的地位逐渐走向衰落,从而进入"漫长的学术萧条期"。[①]16—18世纪,导师制发展缓慢,不过导师对学生的指导重心慢慢转移到学业层面上来,而且导师的个别指导教学优势也逐渐得到了教育教学人员的认可,因此导师的个别指导逐渐成为牛津大学各个学院必备的常规教学活动之一。

18世纪40年代,以摄政导师为代表的一批牛津大学教师联合校外对英国大学教育不满的批评者,发起了改革。他们反对"大学存在的目的纯粹是提供智力训练和灌输宗教观念",要求恢复大学的功能和优势——规范教学和严格考试——这些学院传统控制的领地。1850年,大学议会通过了考试章程(Examination Statute),提高了对学生获得学位的要求,增加了两门学业测试。无论是学业测试重要程度的提升,还是考试科目范围的扩大,都对学院的教学能力提出了新的要求,同时,也促使校方对传统导师制度进行改革。因为,新的考试制度使教师对学位申请人的指导显得越发重要。彼时,尽管有人提出,英国大学应当仿照德国模式创建教授任期制;但大多数人依然认为,导师才是为学生提供指导的必然人选,而问题是,"设置导师最初并不是出于教学的目的,因此,加入该群体的条件也不应按照选拔学生导

---

① CURTIS M H. Oxford and Cambridge in transition, 1558—1642: an essay on the changing relations between the English universities and English society [M]. Oxford: Clarendon Press, 1959: 177.

师的标准来设置"。①因此，对传统导师制度的改革便成为学院教学专业化改革能否成功的关键。

奥里尔学院（Oriel College）是牛津大学实施教学改革的先驱。1821年，该学院明确规定教授职位向牛津大学全体成员开放，以申请者的学术竞争力为标准进行选拔。1877年，英国皇家调查委员会（Royal Commission of Inquiry）核准了新的大学章程。该章程废除了教授终身制，允许大学和学院任命新导师，其基本职能是为本科生的学习和生活提供指导，该章程还对导师的婚姻状况采取了宽容态度。②

在大学实施了上述改革措施之后，为了向大学输送具有从事专业学术研习潜力的高中生，英国在19世纪中期创办了一套包括中世纪时代和改革时代中等学校的全新中等教育体制，并逐渐形成了大公学体系（the System of Great Public Schools）。大公学体系的教育模式独具特色，即重视体育竞技、忠于母校等，其中最核心的要素是教师常常会被看作学生生活中的道德楷模和知识权威，师生关系往往非常密切。因此，当来自这个大公学体系的学生源源不断地进入牛津大学和剑桥大学时，这些核心教育要素，特别是亲密无间的师生关系也自然地被带进各个学院里。③

总体而言，英国历史上的政治剧变及大学改革时期学院所采取的

---

① HAMILTON S W. Universities of England-Oxford[J]. Edinburgh review，1831（53）：394-395.

② BROOKE C，HIGHFIELD R. Oxford and Cambridge[M]. Cambridge：Cambridge University Press，1988：273-298.

③ ROTHBLATT S. The revolution of the dons：Cambridge and society in Victorian England[M]. New York：Basic Books，1968：193.

一系列积极举措成就了牛津大学和剑桥大学当下的学院式结构、课程体系及导师制教学模式。虽然英国大学改革派一度打算像美国教育改革家那样，去借鉴学习德国大学的学术实践模式来促进高等教育研究的现代化，但其独特的学院式结构及大公学一脉相承的教育体制使导师制教学依然魅力不减，并逐渐发展成为具有现代大学理念的教学制度。[①]

总之，至19世纪末，教会人士统治大学的时代已经过去，导师制教学在牛津大学各个学院逐渐得到普及，并最终被确立为正式的教学制度。20世纪初，牛津大学进一步加强了导师制在本科生人才培养体系中的运用，经过长期的发展和演变，导师制教学现已成为牛津大学皇冠上的一颗明珠。

第二节　纽曼与博雅教育理念

约翰·亨利·纽曼是英国著名的教育家。1820年，纽曼毕业于牛津大学三一学院，1822年开始在牛津大学奥里尔学院就职，曾长期担任导师工作，在牛津大学导师制发展过程中起过重要的作用。纽曼的《大学的理念》一书在当时可谓是家喻户晓，书中论述的"心智培养""博雅教育""自我教育"等教育理念可以说是牛津大学现代导师制的

---

① DUKE A. Importing Oxbridge: English residential colleges and American universities [M]. New Haven: Yale University Press, 1996: 26.

重要理论来源。

牛津大学的导师制旨在培养学生独立思考的能力与发现问题、解决问题的能力，是"基于专业学习,师生密切联系、共同探讨的,教师针对一两个或一小组学生进行个别辅导"的一种制度。19世纪末,导师制教学逐渐成为牛津大学和剑桥大学各学院的一种制度化的本科教学模式。①

在纽曼看来,大学绝不仅仅是一个学习大量科目、获取海量知识的地方,大学的使命是对学生进行心智的培养,是帮助学生达成"心智的完美",即:一种"把许多事物视为一个整体的能力,把它们分别归入其在宇宙系统中恰当位置的能力,理解它们各自的价值的能力,确定它们之间的相互依赖性的能力"。只有掌握了"心智的完美",从而获得一种全面的见解和对事物的领悟力,完美心智才会显示出它的力量,才会展示出"健全的知识,清醒的思维,理性、公正、自制和稳定的见解"②。至于"心智的力量、稳定性、理解力和各种才能,以及对自身能力的控制,对眼前事物的正确判断",除非你天赋异禀,否则都需要经过长期的训练和塑造才能获得。

纽曼提出了博雅知识(liberal knowledge)的概念和博雅教育的理念。何谓"博雅"?纽曼认为,它是"一所大学或一个绅士所特有的品格或性质"。从其语法意义上来讲,"博雅"与"奴隶式的,缺乏独立性

---

① ROTHBLATT S. The revolution of the dons: Cambridge and society in Victorian England[M]. New York: Basic Books, 1968: 200-234.

② 约翰·亨利·纽曼.大学的理念[M].高师宁,何克勇,何可人,等译.贵阳:贵州教育出版社,2003:25-26.

的(servile)"正好相反。奴隶式的工作中毫无心智的地位,一般指肢体的劳动、机械的利用之类;而博雅教育追求的是心智、理性和反思的操练。博雅知识是不产生任何东西,却十分值得向往的一种知识,它自身就是一种财富,是"对多年辛苦的一种充分的报偿",它不会给身体或财产带来任何益处,但会使灵魂得到升华。①所以,在纽曼看来,学校要培养学生的智力,而智力的培养并不趋向于特定的目标或偶然的目的,也不指向具体的职业、研究或科学,而是以修养心性和培养心智为目标,博雅教育也绝不仅仅停留于外表的礼貌得体和举止的优雅合宜。

同时,纽曼指出,所有的知识既是一个整体,同时又是一个整体中相互独立的各个组成部分,即各门学科。知识的所有分支之间存在相互联系,这些分支或学科"相互完善、相互校正、相互平衡","虽然学生不可能攻读对他们开放的所有学科,但生活于代表整个知识领域的人中间,耳濡目染,受其熏陶,必将获益匪浅"②。所以,纽曼欣赏师生同住、相互学习、相互咨询、相互帮助的学院氛围,因为只有在这样的氛围里,学生才能真正地得到心智的培养。学生们并不需要学习可供选择的每一个科目,不过"由于他们生活在那些代表着整个知识范围的人当中,并且在他们的指导之下生活,他们也会获益匪浅。我认为,这正是被视为一个教育场所的普遍全面的学术机构之长处所在"③。

① 约翰·亨利·纽曼.大学的理念[M].高师宁,何克勇,何可人,等译.贵阳:贵州教育出版社,2003:109-116.
② 约翰·亨利·纽曼.大学的理想(节本)[M].徐辉,顾建新,何曙荣,译.杭州:浙江教育出版社,2001:22.
③ 约翰·亨利·纽曼.大学的理念[M].高师宁,何克勇,何可人,等译.贵阳:贵州教育出版社,2003:105-106.

在(学院)这样的机构里,那些热衷于自己专业同时又相互竞争的饱学之士相互尊重、相互咨询并相互帮助,形成了一种和谐的氛围,学生们身在其中、徜徉其中,虽然仅仅学习其中的一部分学科,但长期浸润于这样的学习氛围中,耳濡目染,自然受益。同时,学院还有这样一种传统,即"由特定的教师指引学生选择科目,并对他已经选择的科目做出恰当的解释",这其实就是牛津大学导师辅导课的雏形。纽曼认为,这种辅导非常有必要,因为心智的完美是教育的结果,如果不这样做,学生就不能很好地理解知识的全貌,以及知识背后所依赖的那些原则。只有这样的教育才可以称为"博雅教育",只有这样才能帮助学生养成一种"终身受益的心智习惯",其特点表现为"自由、公平、冷静、温和与智慧"。①

纽曼指出,为了培养学生的完美心智,须对其因材施教,以帮助学生达成对于一切事物的那种清晰、平和、准确的认识和理解。换句话说,就是按事物恰当的位置及其自身的特点来理解每一件事。在这个过程中,学生的自我教育也很重要。纽曼认为,任何形式的自我教育都远胜过那种非要学生通过许多科目考试才会获得学位的教学制度,因为那种教学制度虽然自称有很多目标,实际上几乎对心智毫无帮助,而自我教育则有益于心智的培养。②可以说,强调心智的培养、自我教育和博雅教育的理念为牛津大学现代导师制提供了丰富的理论指导。

① 约翰·亨利·纽曼.大学的理念[M].高师宁,何克勇,何可人,等译.贵阳:贵州教育出版社,2003:104-106.
② 约翰·亨利·纽曼.大学的理念[M].高师宁,何克勇,何可人,等译.贵阳:贵州教育出版社,2003:132-140.

第三节　牛津大学导师制

　　导师制起源于英国的牛津大学,它所具有的独特教育价值也得到了普遍的认同,"在过去的这一百年里,牛津大学的导师制教学一直被誉为'镶嵌在牛津大学皇冠上的一颗明珠'"。①1922年,英国皇家委员会(the Royal Commission)指出,导师制教学是牛津大学及其各学院的核心特征。

　　牛津大学的导师制作为享誉世界的英才教育模式,其实是特定历史情境所催生出来的教学制度创新。②牛津大学的导师制教学形式萌芽于中世纪,不过在之后相当长的时期内处于自我发展的原始状态,直到1379年新学院的创办者——威廉·威克姆(William Wykeham)开始对导师支付薪资,保障了导师的经济利益,才标志着牛津大学的导师制开始出现制度化萌芽。正式的导师辅导制度脱胎于1379年牛津大学新学院的带薪指导制度,其采取的主要措施就是提供一定的报酬以鼓励资深院士为年轻学生提供课业辅导。③16世纪和17世纪的时候,牛津大学的各学院纷纷进行扩张,与学院制相辅相成的导师制得

① PALFREYMAN D. The Oxford tutorial:"thanks, you taught me how to think"[M]. Oxford:The Oxford Centre for Higher Education Policy Studies,2002:6.
② 周雁翎,周志刚.学院传统与牛桥导师制[J].清华大学教育研究,2011,32(6):46-53.
③ 艾伦·B.科班.中世纪英国大学生活[M].邓磊,杨甜,译.重庆:重庆大学出版社,2017:183.

以普及，导师制迈入古典时期，其典型特征是宗教色彩依然浓厚，教学尚未成为导师的核心职能，导师仍主要承担着学生保护者的角色。到了18世纪，牛津大学导师的职责有所扩大，主要负责指导学生的学业、管理经济开支，以及监督学生的行为，不过大学对导师的管理依然松散，导师的行为基本都靠自我约束。①直至19世纪上半叶，伴随着浓厚的宗教色彩的消退，牛津大学导师制才逐渐走向成熟，成为一种真正具有现代大学理念、适应现代大学的教学制度。②导师的角色也从牧师转变为以教学为主的专任教师，并逐渐开始从事科学研究。进入20世纪以来，牛津大学导师制经受了高等教育大众化、经济资源减少、大学的学科范围扩大等诸多挑战，逐渐呈现出多元化发展的态势。导师制教学开始与讲座、实验、习明纳（seminar）等多种教学形式并存；辅导课上每次上课的人数也有所增加，并从原来的一对一变成了一次辅导两到四人。

　　本小节将从牛津大学本科生导师制的实施原因、实施现状和实施成效三个方面进行研究论述。

一、实施原因：宗教传统、学院制与高等教育理念

　　牛津大学导师制在发展过程中，受到了多种因素的影响。

　　首先，宗教因素在牛津大学导师制萌芽期起着重要的作用。

---

① COBBAN A B. The medieval English universities: Oxford and Cambridge to c. 1500[M]. Berkeley: University of California Press, 1988: 120.

② 杜智萍.19世纪以来牛津大学导师制发展研究[M].呼和浩特：内蒙古大学出版社,2011:69.

　　钱穆先生曾指出,西方大学开始时是宗教性的,"中古时西方之修道院、礼拜堂与大学,乃三个性质极相近之宗教团体。西方人之所谓教育,乃从教堂中分出",在英国牛津或剑桥,每一学院都有一个礼拜堂,而这个礼拜堂就是该学院之中心。①作为英国国教会的重要组成部分和附属物,牛津和剑桥等中世纪英国大学的使命是培养神职人员,并为贵族和中上阶层的子弟提供养成教育,因此,萌芽时期的牛津大学导师制具有非常浓厚的宗教色彩。②其宗教性主要表现在以下方面:牛津大学的导师筛选有极其严格的宗教限制,导师的重要职责之一就是培养学生的宗教信仰。在相当长的历史时期里,牛津大学的导师都将牧师作为自己的职业发展方向,而担任学院导师只是其获得牧师资格的一个跳板。③萌芽时期,牛津大学导师主要担任学生的道德和经济方面的保护人,并不承担教学工作。直到19世纪后半期,牛津大学导师的宗教义务基本被取消后,导师才最终实现了"从牧师向大学教师的转变"。到19世纪末,导师取得了学术性的职业地位,开始兼顾教学和科研。④导师制也由一种宗教色彩极其浓厚的学院教学制度转变为一种世俗的教学制度,其特征是"以学生所在的学院为依托,以本科生教学为主旨,以导师个别辅导为主要教学形式",学院在历史

---

① 钱穆.新亚遗铎[M].北京:九州出版社,2011:277.

② 周雁翎,周志刚.学院传统与牛桥导师制[J].清华大学教育研究,2011,32(6):46-53.

③ 杜智萍.19世纪以来牛津大学导师制发展研究[M].呼和浩特:内蒙古大学出版社,2011:245.

④ SOARES J A. The decline of privilege, the modernization of Oxford University [M]. Stanford:Stanford University Press, 1999:20.

上第一次成为真正意义上的学术机构。①

其次，牛津大学导师制的建立和巩固离不开学院制的发展。

"另一方面，西方大学是极重职业性的。……西方大学在初期时主要有神学、哲学、法律、医学等科。前二者可在教堂中服役，后二者可以走出教堂作谋生之用。青年们进入大学时，先有宗教信仰。走出大学后，又有一专门职业。故西方接受大学教育之青年，乃是一有信仰、有职业者。关于此信仰与职业之知识与技能之传授人，即称为Professor。一般青年人跟从聚居，遂成为College，然后逐渐合并成为一大学。今天西方大学从历史渊源而言，是由宗教精神、自由组合与职业训练三者配合而来的。"②

"在现代高等教育机构中，牛津大学最为完整地表现了学院制传统。"③可以说，学院制是导师制的基础，"早期导师制的兴起其实也是学院制大学内部变革的结果"④。16—17世纪，牛津大学各学院纷纷成立，并成为大学本科教学的中心。与此同时，学院为了更有效地对学生进行管理，纷纷设立导师，让其承担起管理学生的经济开支和道德行为的责任，并由其指导学生的学业。"关于学院高级成员对年轻成员的行为和教学负有一定责任"的观点就是学院制思想的一个重要组成

① 贺国庆.西方大学教学方法变革考[J].教育研究，2014(8)：125-134.

② 钱穆.新亚遗铎[M].北京：九州出版社，2011：278-280.

③ TAPPER T，PALFREYMAN D. Oxford and the decline of the collegiate tradition [M]. London：Routledge，2000：vii.

④ 周雁翎，周志刚.学院传统与牛桥导师制[J].清华大学教育研究，2011，32(6)：46-53.

部分。①导师制教学的灵魂——博雅教育就是学院传统的产物。②同样地,导师制教学也是博雅教育的核心表现方式,并逐渐成为牛津大学各学院教学制度的核心。今天,牛津大学的学院制依然是导师制赖以生存的重要物质基础和制度支撑。

最后,作为现代大学教学制度的牛津大学导师制是高等教育自身特性的需要。

对19世纪日趋成熟并成功蜕变为现代教学制度的牛津大学导师制来说,高等教育的自身特性可谓是其发展的驱动力。何谓高等教育? 就其本质而言,高等教育是通过对学生实施博雅教育或自由教育从而培养其批判性思维的一个过程。③

高等教育不是一种职业"培训",不是让学生成为"购买高等教育"的顾客,因此,不能迁就学生,不能让他们在大学四年里,毫无压力、无须经受一番智力上的挑战就轻松地毕业。有一个比方非常形象:高等教育不是让学生被动地接受一种服务以回报其所付学费,它应该更类似于体育场馆的会员资格——体育场馆为每个人提供了基础设施和建议意见,不过要想取得自己预想中的效果,个人必须付出大量的艰

---

① MALLET C E. A history of the university of Oxford[M]. New York: Barnes & Noble, 1968: 57.

② 周雁翎,周志刚.学院传统与牛桥导师制[J].清华大学教育研究,2011,32(6): 46-53.

③ 大卫·帕尔菲曼.高等教育何以为"高":牛津导师制教学反思[M].冯青来,译. 北京:北京大学出版社,2011:4.

辛努力才行！[①]事实上，牛津大学的导师制教学就是这样一种促使学生在课外付出大量努力并使其获益良多的教学方法。

高等教育的关键在于培养学生的终身学习能力，使其能对随着时代发展而逐渐变得落伍过时的知识库进行不断更新，从而做到与时俱进。为了培养学生的这种学习能力，就需要使高等教育的教学达到"高等学习"的境界。何谓"高等学习"？"高等学习"是一种质疑和颠覆的过程，即对那些被认为是理所当然的观念和信仰进行批判性思考的过程。导师制教学就是提升高等学习的创造性、迁移性甚至"颠覆性"的一个重要的和有力的途径。跟讲授课和课外阅读不同，导师制教学的主要目的不是传授知识，而是不断挑战学生对问题的理解程度，并将其广度和深度推至极限。

二、实施现状：双向评价监督的师生学习共同体

导师制教学下的师生实际上类似于一个学习共同体，他们相伴学习，并在双向的评价监督机制下共同努力。自13世纪学院被创立以来，牛津大学的导师们对年轻学子呵护备至，督促他们精于学业、注重言行。13世纪时的英国，只要负责选拔学生的教师认为该生具备学习天赋，就会将其登记到录取名册，这就意味着该生被大学录取了。"学生入学和教师招生实质上是一种契约关系，意味着该生必须在大学里参加招收自己的教师所开设的普通（正式）授课讲座；反过来，导师也

---

① 大卫·帕尔菲曼.高等教育何以为"高"：牛津导师制教学反思[M].冯青来，译.
北京：北京大学出版社，2011：73-75.

必须保护学生,对学生的在校行为负责。"①牛津大学的学生一旦被录取,则必须每日至少参加一次该教师的正式授课。几百年过去了,学院依然存在,学术共同体的理念也依然存在。②正如莫尔(Moore)院士在牛津大学求学时其导师在汇报材料中写的那样——"莫尔先生正与某博士一起研读他的研究课题",而不会是"莫尔先生正由某博士执教"。③牛津大学的导师制教学反映的正是学生与导师互为学习伙伴、共同学习的一种境界,因此,深谙牛津大学导师制精髓的学生总是会花上几十个小时甚至几天的时间来为导师辅导课做准备,因为他们明白所做的一切完全出于其自身学习的需要。

牛津大学新学院的理查德·马什(Richard Mash)院士深信,最佳状态下的导师制教学,完全能够与时俱进,胜任当下的本科教学,但是,要想从导师制教学中最大限度地获益,学生、导师及学院的教学制度这三方须通力合作才行。④

导师制教学中最重要的是引导学生学会学习,因此,其常被描述为"无藏身之处"。关于学生对某个主题的理解程度,导师很快就能明了,但导师不会直接告诉学生答案,因为这样做对其思维训练无益,导

① 艾伦·B.科班.中世纪英国大学生活[M].邓磊,杨甜,译.重庆:重庆大学出版社,2017:7.

② 大卫·帕尔菲曼.高等教育何以为"高":牛津导师制教学反思[M].冯青来,译.北京:北京大学出版社,2011:138.

③ MOORE W G. The tutorial system and its future[M]. Oxford: Pergamon Press, 1968: 20.

④ PALFREYMAN D. The Oxford tutorial: "thanks, you taught me how to think"[M]. Oxford: The Oxford Centre for Higher Education Policy Studies, 2002: 60.

师希望的是学生在导师辅导课时能积极思考,师生能通力合作探索这些富有意义的关系。①在此过程中,千万不要低估学生自身需要付出的努力,因为对大学新生来说,这种适应性的转变或许并不容易。为了能达到导师的要求,学生不得不在课外加倍努力学习,为了能在辅导课上应对自如,学生辅导课前的学习量与辅导课上的学习量差不多一比一才行。一言以蔽之,期末导师给出的"这学期你在自主学习"的评价生动揭示了导师制教学的内核。②

牛津大学的导师一般由学院内拥有终身教职的人员担任,不过随着高等教育大众化,学生人数不断增加,学院有时会从院外聘请导师,有时也会请学院内的讲师、博士后,甚至是研究生来担任导师。导师制教学通常在院系的导师办公室里进行,辅导内容强调的是因材施教,导师会针对辅导过程中出现的各种问题及时对学生进行指点。因此,每一次辅导课前,学生都会被要求完成一些与讲授课教学内容相关的准备工作,而这个准备的过程其实就是一个对讲授课上应学知识进行内化的过程,亦是一个将该知识融会贯通,并使其内化到自己的知识体系中去的绝佳机会。③与国内导师不同的是,现在的牛津大学导师仅仅"负责学生在这门课程领域内的学术成长与能力训练,不存在课程领域以外的生活关心、心理咨询与就业指导等其他责任,更没

---

① 陈晓菲,刘浩然,林杰.牛津大学本科导师制的学生学习体验研究[J].比较教育研究,2019,41(3):39-45.

② 大卫·帕尔菲曼.高等教育何以为"高":牛津导师制教学反思[M].冯青来,译.北京:北京大学出版社,2011:191.

③ 大卫·帕尔菲曼.高等教育何以为"高":牛津导师制教学反思[M].冯青来,译.北京:北京大学出版社,2011:143-146.

有与学生形成任何形式的人身依附关系"[①]。

牛津大学的本科生导师制是一种以学生为中心的教育教学方式，是牛津大学各个学院占主导地位的本科生培养方式，是"学习系统的一部分，它通常包含至少一周的深入研究和准备；其次是个人辅导，学生通常每两周有三次个人辅导"[②]。可以说，本科生导师制是各学院教学的基础，是一种与班级教学、小组讨论平行的教学方式。牛津大学学生一周的主要学习任务如表2-1所示。

表2-1　牛津大学学生一周的主要学习任务

专业	学生一周的学习任务
经管	每周参加六次讲座和两次个性化辅导。个性化辅导主要是与导师讨论至少需花费两天半时间准备的论文，而且需对与主题相关的内容进行广泛的阅读
化学	从大一到大三，每个工作日需平均参加两次讲座和个性化辅导，每周或每两周上一次实践课
心理学和哲学	大一需每周参加讲座六次、个性化辅导两到三次。大二至大四，需每周参加讲座六次、个性化辅导两次、实践课一次

牛津大学实施本科生导师制的权限集中于学院，大学只起到协调各学院的作用。牛津大学的新生报到后，学院就会为其指定一位导师，如果其希望更换导师，那么可以向学院反映。因为所有学生一人

---

① 陈晓菲,刘浩然,林杰.牛津大学本科导师制的学生学习体验研究[J].比较教育研究,2019,41(3):39-45.

② BECK R J. The pedagogy of the Oxford tutorial[D]. Appleton: Lawrence University, 2007.

学便分配了导师，导师可以通过连续的个人辅导，全程参与学生大学时期的生活和学习；而且，导师还会对学生进行口头或书面的成长性评估，促进学生的个人发展。①

牛津大学的师生比应严格控制在1∶13左右。调查委员会研究发现，一位导师负责两名学生最为合理。因此，牛津大学的本科生导师一般每人负责一至六名学生。但是，社会科学、自然科学和工程科学领域的个人辅导规模要大于艺术学科领域。

导师辅导课每周一次，每次大约持续一个小时，一般围绕"怎样获得知识，如何进行思考"而展开，主要步骤如下：导师检查学生是否理解了相关知识；导师向学生展示自己对该内容的认知理解；导师介绍相关知识点，引导学生从新的视角审视知识；师生交流互动，思想碰撞，获得新知。②牛津大学的学生在人文科学和社会科学的科目上平均需花费十四至十五个小时写报告；而在自然科学上需花费的时间约为九个小时。导师们通过每一次任务的布置，鼓励学生主动参与，调动其学习积极性，培养其自我导向的独立学习能力。

牛津大学对导师的选拔有一套严格的制度，大多数导师在专业领域有较深的造诣，深受学生的尊敬与爱戴。牛津大学的导师分为咨询导师、教学导师和研究导师三类，但三者并不绝对独立，而是相互依存的。咨询导师为学生寻找研究导师、形成研究计划提供建议和指

① Policy and guidance on undergraduate learning and teaching[EB/OL].[2022-04-29].https://academic.admin.ox.ac.uk/files/pguglearningandteachingpdf.
② ASHWIN P. Variation in students' experiences of the "Oxford tutorial"[J]. Higher education，2005，50(4)：631-644.

导,同时,帮助教学导师协调、安排导师课所需的各种设施,处理导师课相关的行政事务;教学导师帮助学生发现专业兴趣,确立发展方向,并锁定研究主题;研究导师通常针对高年级学生,并以咨询导师、教学导师所建立的导师资源为基础,其是大学生活和导师指导关系的高峰体验。①

牛津大学对导师制教学的管理和评价非常宽松。牛津大学对教师的考核主要是科研评估和教学评估,并不涉及导师工作,导师工作不与聘任与升迁挂钩,但教学工作出色的导师可以申请专门的奖励基金。导师只有学年工作量的固定要求。一般而言,导师每周与学生面对面交流一两次,文科一般每次两三名学生,理工科可能人数更多些,每次大约一个小时,地点一般是导师所在的办公室。担任导师的教职人员一般是某个研究领域的专家。至于导师教学的形式,并没有具体规定。不过,一般是学生按照导师推荐的阅读书单,每周完成阅读并撰写·两千字的学习心得,提炼出自己的观点,然后在导师辅导课上接受批判性的审查,并捍卫自己的想法。②导师制教学的形式因人而异,它注重的是对学生独立判断意识的培养,因此,"导师制教学事实上不存在制度之说,也无章可循。相反,它讲求一种方法,能让导师用自己的思想和智慧去设法帮助其他人寻找到他们自己的方式并发出

---

① 金津.精英大学本科生导师制:国际经验与中国个案研究[D].上海:上海交通大学,2011.

② Personalised learning: new directions for schools?[EB/OL].(2004-11-16)[2021-01-31].https://onlinelibrary.wiley.com/doi/10.1111/j.1468-0041.2004.00370.x.

属于自己的声音"。①

不同的导师,辅导方法也不尽相同,牛津大学对导师制教学的监督来自双向评价。除学校的相关学术部门为导师制教学提供教学培训之外,牛津大学的导师制教学一直按照约定俗成的规约,所以学院一般没有正式的规约,不会对导师的权利和义务加以详细规定,"导师制教学过程中可能发生什么,很大程度上取决于参与其间的那两三个人:几乎什么都有可能发生"。②因此,导师辅导课效果不佳的情况的确也存在,有多少不积极参与学习的学生,就有多少种浪费辅导课的方法。学生和导师之间存在着心照不宣的契约。不过,如果学生没有完成导师所布置的课前准备任务,导师就可能会拒绝辅导他们,而且大多数学院会对那些显然没有认真学习的学生采取一些具有训诫性的措施。③

关于导师制教学的考核,一般学院并没有相关的具体规定,但是聘用合同中规定了导师需要进行的导师制教学的课时数。一般来说,文科导师每周十二个小时,理科导师每周六个小时,这些记录都会被上传至牛津大学学院导师线上报告系统(Oxford Colleges On-line Reports for Tutorials),导师津贴将根据导师的实际教学课时支付。牛津大学的每名本科生在学期末都会被要求参加学院组织的统一考试。

① 大卫·帕尔菲曼.高等教育何以为"高":牛津导师制教学反思[M].冯青来,译.北京:北京大学出版社,2011:198.

② MOORE W G. The tutorial system and its future[M]. Oxford:Pergamon Press, 1968:18.

③ 大卫·帕尔菲曼.高等教育何以为"高":牛津导师制教学反思[M].冯青来,译.北京:北京大学出版社,2011:146-147.

考试成绩不显示具体分数,而是根据所占学生总数的百分比被划分为三个等级,等级不仅是学生学业表现的衡量指标,也是学院评价导师教学水平的依据。①除了考试成绩,导师也会就学生在本学期所取得的进步书写报告。学生在学期末也会和学院的高级导师、院长一起讨论自己的学业进展情况,同时,对自己导师的教学做出相应的评价。可以说,今天的牛津大学各学院在其本科导师教学上已形成一种双向的评价监督机制。②

三、实施成效:提升了学生探究知识过程中的独立思考能力

有研究表明,优质的本科生教育须遵循七条原则:鼓励师生间多接触,寄予学生高的期望,尊重学生多种多样的才能和学习方法,采用促进学生主动学习的教学方法,给予学生学业表现的即时反馈,培养学生间的交流与合作,强调让学生多花时间在实际学习任务上。③导师制教学至少具备了其中五条,特别是前三条原则,其一直是牛津大学导师制教学的核心组成部分。正因为如此,拥有导师制教学优良传统的牛津大学,教学质量一直深受世人赞誉。虽然近代以来,牛津大学也开始普遍采用实验室等教学法,但导师制教学一直是牛津大学的核心教学法。1922年,针对牛津大学和剑桥大学开展调查的英国皇家

---

① 陈晓菲,刘浩然,林杰.牛津大学本科导师制的学生学习体验研究[J].比较教育研究,2019,41(3):39-45.
② 杜智萍.19世纪以来牛津大学导师制发展研究[M].呼和浩特:内蒙古大学出版社,2011:232.
③ CHICKERING A W, GAMSON Z F. Seven principles for good practice in undergraduate education[J]. AAHE bulletin, 1987, 39(7): 3-7.

调查委员会发现，导师制是英国古典大学的核心特征和卓越教学质量的重要保证，这种由导师与学生进行面对面教学的方式，给牛津大学和剑桥大学的教育带来了其他大学的教育所不具备的内涵和品质。①

1966年，弗兰克斯委员会曾对牛津大学的导师制教学展开过调查，结果发现在这种教学方式中，学生有充分的机会去对某一论题进行独立探索，并清晰表达自己的见解。该委员会认为，学生应该能够"从其对自我观点的努力辩护中受益匪浅"。的确，教会学生独立思考正是导师制教学的核心所在。②曾担任牛津大学圣约翰学院院士和导师的莫尔曾指出，导师制教学的根本方法在于调查、探究和细查。它不是通过权威的讲述，而是通过批评、理论、分析和比较来达到最佳状态的。③

导师制教学是否能达到其核心目标呢？牛津大学的大多数学生对导师制的评价甚高，认为自己从导师制教学中获益匪浅。牛津大学在2003年的自我评价文件中指出，导师制"培养了学生深入思考的能力以及运用这种能力的方法和技巧，并促使学生在不断增强的自信中对这种能力进行发挥和应用"。④学生的反馈也确实如此，如有学生说

---

① PALFREYMAN D. The Oxford tutorial："thanks, you taught me how to think"［M］. Oxford：The Oxford Centre for Higher Education Policy Studies, 2002：33.

② UNIVERSITY OF OXFORD. University of Oxford：report of commission of inquiry［M］. Oxford：Clarendon Press, 1966：101-102.

③ MOORE W G. The tutorial system and its future［M］. Oxford：Pergamon Press, 1968：31.

④ PALFREYMAN D. The Oxford tutorial："thanks, you taught me how to think"［M］. Oxford：The Oxford Centre for Higher Education Policy Studies, 2002：30.

"（导师制教学）促使我整个学年都在努力学习,不过这可不只是为了应付考试:仅有自我激励很难保持如此长时间的学习热情"[①]。还有学生留言:"我相信,导师制可能是我来牛津学习最重要的收获。我可以自信地说,导师制是我学习的首选方式。它不仅使我有足够的时间阅读和独立写作,它还迫使我通过测试和辩论维护自己的论点。牛津中,有世界一流的学者帮助我理解和制订有关的议题,这令我兴奋,激励着我拓宽知识面。"卢卡斯(J. R. Lucas)极力捍卫导师制并强调良好的个人辅导所提供的不仅是导师感兴趣的研究领域的教学:"我们不会提供那些超出学生吸收能力的信息,但我们会向学生展示开始时像他一样毫无头绪的人如何去解决一个崭新的问题。"[②]

2020年3月,一名在牛津大学交换学习的美国学生对不少在牛津大学就读的本科生进行了访谈,发现不仅他自己,其他所有受访的学生也对导师制教学非常认同。

（导师辅导课）可以让你与这个领域的权威专家面对面,这真是一个千载难逢的机会! 导师拥有深厚的学术背景,深谙各种探究方法,他在对你的文章进行评判时,往往非常有效,而且令人叹为观止! 辅导课常常会成为你（深入学习的）跳板,从那里你会带着更多的问题离开。辅导课一般在导师

---

① PALFREYMAN D. The Oxford tutorial: "thanks, you taught me how to think" [M]. Oxford: The Oxford Centre for Higher Education Policy Studies, 2002: 47.
② PALFREYMAN D. The Oxford tutorial: "thanks, you taught me how to think" [M]. Oxford: The Oxford Centre for Higher Education Policy Studies, 2002: 47.

的办公室里进行，这又提高了师生间的亲密程度，因为你经常可以看到这些学术大咖生活的一面，他们对学术的激情会在你眼前展露无遗——比如他们书架上摆的书、学术海报等等。学院外的导师（院外导师）辅导课也能给你提供深入了解牛津大学的机会，而这种机会平时几乎无法企及。(弗雷亚，圣凯瑟琳学院)

因为（导师辅导课）的规模一般较小，所以在导师（一般是某个领域的专家）的帮助下，我们对课题的研究可以达到一定的广度和深度。上面那些通过在大礼堂内上的讲座课是不可能实现的。我认为，自己在牛津大学的最佳学习体验就来自导师辅导课。(金季渝，基布尔学院)

在我初到牛津的时候，导师辅导课真的吓到了我——一下子成了大家讨论的焦点，我被迫立即思考如何反驳和回应。但是，随着对导师和导师制教学方式的习惯，导师辅导课逐渐成了我学习生活中最喜欢的那个部分。能够与该领域的世界级专家讨论有趣的话题，如在贝克特的作品中探索文艺复兴时期的物质性和复杂性，或人类形态的有限性，实在是太棒了！(爱丽丝，女王学院)

但是，不适应导师辅导课的情况也的确存在，有些学生似乎常常在两三个学期之后，才真正领悟他们在导师辅导课中该如何表现，导师制教学又能让他们收获些什么。事实上，学生一旦掌握了上导师辅导课的方法，大多都确信导师制教学是对他们最大的激励。与讲座教学和习明纳相比,学生在每周与导师和同伴的交流探讨中明显有更大的空间,以及更广泛的主题。①

在牛津大学的导师制中,教学的核心目的是培养学生"探究知识、独立思考"的能力,导师关注的不是教给学生多少知识,而是促使学生成为"善于独立思考,充满智慧和理性的人"。②于导师而言,导师制教学中导师所拥有的最大特权或许就是能有机会与学生分享他们自己对研究课题的奇思妙想。③

牛津大学导师制教学是以师生双方的合作为基础的。一方面,导师鼓励学生在辅导课前后进行独立学习和做好准备工作,在辅导课上,学生不是消极的消费者,而是积极的参与者;另一方面,导师不是信息传递者,而是批判性的指导者,能帮助学生通过批判性学习来重构其学习心得。

由导师教学中的师生互动关系(见图2-1)可知,师生之间的协作和互动对于导帅教学至关重要。师生之间的相互信任和尊重,以及对已有知识背景的合理沟通是实现高效的导师制教学的关键。导师制教学的效果不仅取决于导师和学生之间的相互配合,还与学生对待导师辅导课的态度和导师的个人素质密切相关。曾担任牛津大学新学院化学院士的安德鲁·史密斯指出,如果在导师制教学中导师和学生

---

① 杜智萍.19世纪以来牛津大学导师制发展研究[M].呼和浩特:内蒙古大学出版社,2011:236.

② MOORE W G. The tutorial system and its future[M]. Oxford: Pergamon Press, 1968:32.

③ 大卫·帕尔菲曼.高等教育何以为"高":牛津导师制教学反思[M].冯青来,译.北京:北京大学出版社,2011:152.

之间能达成相互理解，那么导师辅导课的效率会更高。首先，作为受辅导者的学生要积极参与其间，这是先决条件。①

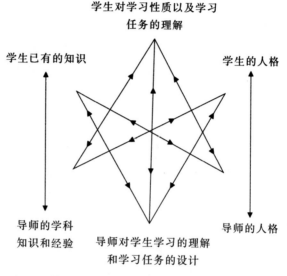

图2-1　导师教学中的师生互动关系

注：转引自杜智萍.牛津大学本科生导师制教学模式探析[J].大学教育科学，
　　2006(6):53。

　　于导师而言，及时关注学生的学习进度和研究习惯，在辅导课上让学生感受到自己的专业热情，设法将学生已完成或待完成的研究任务进行整合，提前安排好下一次导师辅导课的具体研究任务，并与学生共同商定预期目标，提醒学生将接受统一考试评估，等等，都是可以

① 大卫·帕尔菲曼.高等教育何以为"高"：牛津导师制教学反思[M].冯青来，译.
　　北京：北京大学出版社，2011:213.

提高导师制教学效果的方法。

对学生来说,充分地利用导师辅导课可以有效提升自我。课外务必做好充分的准备工作,必要的时候合理寻求帮助,在辅导课上要认真倾听导师和其他学生的观点,并仔细思考、积极提问,不要害怕出错,毕竟导师辅导课的主要目的是促成每名学生不断超越自我、提升自我。

导师制教学除了能帮助学生,对导师自己也有反哺作用。为了上好辅导课,导师在课外也须不断储备相当的知识量,以应对辅导课上可能触及的各分支学科的相关问题。这样,导师制教学自然会促使教师不断提升自我,而水平不断提升的教师反过来又促进了教学的良性循环。在牛津大学,参与导师制教学的学生、导师和学院已经自然形成一种良性发展的学习型组织,"学生渴望在导师面前有很好的表现,导师希望学生在学院中能有出色的表现,学院希望学生在大学里有出色的表现"。①牛津大学副校长劳德·布洛克(Lord Bullock,1969—1973年在任)曾指出,导师制不是一种制度,而是一种关系,"导师通过这种关系对学生产生影响"。②

导师利用自己在专业领域的积累及自身阅历来对学生的学业以及品行进行指导,其核心在于教会学生独立思考,培养其敢于质疑现有理论的批判性思维。牛津大学高等教育政策研究中心主任大卫·帕

---

① HARRISON B. The history of the university of Oxford:volume Ⅷ:the twentieth century[M]. Oxford:Oxford University Press,1994:129.

② TAPPER T,PALFREYMAN D. Oxford and the decline of the collegiate tradition [M]. London:Routledge,2000:109.

尔菲曼曾指出："导师制方法的根本就在于，它是一种质疑的方法，一种探究、摸索及细察的方法。最好的情形是，它不是通过权威的独断，而是通过批判、理论、分析及比较的方式来进行的。"①曾经有人这么形容牛津大学的本科生导师制："个别辅导并不是航程本身，它是帮助学生找到自己的航线的手段。"②

牛津大学的导师制教学使师生间建立起密切的互动关系，导师通过言传身教对学生的发展起着潜移默化的影响。正如斯蒂芬·利考克教授所言："导师与二三学子，时常相聚一堂，或坐斗室相对论学，或集诸子茶点小饮于导师之家，剖析疑难而外，并得指示学生修养之法，解答学生个人问题。导师视门人如子弟，门人视导师如良师益友，从学之期虽暂，而缔交辄终身，受其潜移默化，不觉品德与学问俱进也。"③

不过，导师制教学由于教无定规，辅导课的效果很大程度上依赖于导师个人的素质。有研究表明，部分学生并不十分喜欢导师制教学，因为他们的导师辅导课体验不佳，觉得其"完全是以教师为中心的小范围教学指导"。④霍尔委员会承认师生比是导师制实施的关键因素，但是他们发现，导师制更多地依赖于教师的热情，而不是师生比例，只要教师相信导师制的价值，导师制教学就可以在很多大学中行

---

① PALFREYMAN D. The Oxford tutorial: "thanks, you taught me how to think" [M]. Oxford: The Oxford Centre for Higher Education Policy Studies, 2002.

② 范文曜，马陆亭.国际视角下的高等教育质量评估与财政拨款[M].北京：教育科学出版社，2004：2-3.

③《费巩文集》编委会.费巩文集[M].杭州：浙江大学出版社，2005：470.

④ ASHWIN P. Variation in students' experiences of the "Oxford tutorial"[J]. Higher education, 2005, 50(4): 631-644.

之有效。①

当前,牛津大学导师制面临着高等教育大众化、经济资源减少和教学科研矛盾激化等多重挑战,不过牛津大学也开出了自己的良方。

面对经济压力,牛津大学部分学院调整了规模,改成了每次两三名学生的小组教学(理工科的学生人数会更多一些),有些学院依然坚持一对一辅导,但拓宽了导师的来源,引进了由研究生担任助理导师(tutor assistant)或初级导师(junior tutor)的制度。在一个学期中,本科生可以参加由高级导师进行的两次导师辅导课,而另外六次由初级导师进行。导师制的教学模式也发生了变化。随着导师指导学生人数的增多,导师课论文(the tutorial essay)开始呈现出多种形式。首先,递交的内容变得多样化,有的是严谨规范的论文,有的是学生的读书笔记,有的是学生对某个问题的片段性思考,还有的是学生对某个学科问题的解答。其次,导师课论文的指导方式也发生了变化,不再是传统的学生当面朗读、导师提问与共同讨论。如今,导师一般会要求学生提前递交论文,其阅后会在论文末尾写上评语。学生在导师面前完整地朗读论文的机会已经不多,学生只需概述论文的主要观点或就自己在学习过程中遇到的问题与导师进行讨论。另外,导师制的教学方式也根据不同学科的特点做出了相应调整。例如,在以数学为基础的自然学科的导师制教学中,就不再是周论文讨论的形式,而是集

---

① 杜智萍.19世纪以来牛津大学导师制发展研究[M].呼和浩特:内蒙古大学出版社,2011:181.

中讨论那些难以解决的问题。①

20世纪上半叶的牛津大学，选拔导师的标准是：候选人是否年轻、友善？是否愿意在学院中生活？是否乐意把学院的导师职位看作一种学术荣誉？……因此，教学能力出众和洞察力敏锐的教师往往比那些出版了很多厚重的学术著作的教师更能获得别人的尊重。不过，当前的牛津大学，教学与科研的矛盾日益被激化：不少教师忙于发表论文，致使部分导师辅导课沦为应试教学。为了继续保持和发展导师制教学的核心理念，研究导向的教学（research-led teaching）理念逐渐渗入牛津大学导师制教学的核心，也就是说，与学生一起投入学术探究中，继续保持学术好奇心与求知精神依然是导师制教学的基本要义。②

关于导师制教学的未来，五十多年前莫尔就曾指出，即使在一切都为了提高教学效率的时代，个性化的导师制教学，无论是一对一还是一对二的形式，也都依然无法被取代。导师制教学的作用并不在于指导本身，而是通过要求学生口头陈述其对所学内容的理解，使其对自己的独创性想法进行详尽的批判，从而达到重构其创见的目的。这样的教学方式可以真正帮助到学生，让其对自己的独到想法进行提炼和创新。因此，导师制教学毫无疑问是教育过程之巅峰。③21世纪的今天，牛津大学的导师制教学依然是广受学生喜爱的一种教学方式，

① 杜智萍.19世纪以来牛津大学导师制发展研究[M].呼和浩特：内蒙古大学出版社，2011：225-231.
② 大卫·帕尔菲曼.高等教育何以为"高"：牛津导师制教学反思[M].冯青来，译.北京：北京大学出版社，2011：229-238.
③ MOORE W G. The tutorial system and its future[M]. Oxford：Pergamon Press，1968：65.

因为导师制教学的目标是教会学生思考、培养学生的创新精神,这是导师制特有的价值所在。从本质上来讲,导师制教学完全能适应现代教学的需要,并且与讲授课、研讨课、实验课等教学形式相得益彰。

导师制是牛津大学自由教育传统的核心体现,其蕴涵的教育理念主要体现为关注学生个体发展,通过师生之间的互动合作培养学生独立思考、勇于探究的能力。牛津大学的导师制与其说是一种制度,不如说是一种关系,即师生之间朝夕相处、共同学习探讨而形成的一种亲密关系。因此,牛津大学导师制教学的制度保障是其学院传统。如果离开了学院自治、自主招生、教学为本、共同体等学院传统特质,有抱负的高等教育机构将得不到高素质的学生,导师将不会看重本科生教学,也无法得到学生的认同与响应,从而无法构建亲密合作的师生共同体。①

当下,面对学生人数不断增加的挑战,牛津大学的导师制教学采取了小组辅导教学、拓宽导师来源、调整导师课论文指导方式、根据学科特点变通导师辅导方式等应对举措;面对教师教学和科研之间的矛盾,牛津大学导师制坚持研究导向的教育理念,创造条件让师生一起投入学术探究中。正如霍尔委员会的调查结果显示的那样,导师制教学的成功更多地依赖于教师的热情,而不在于师生比例,只要教师相信导师制的价值,导师制教学就可以在很多大学中行之有效。

---

① 周雁翎,周志刚.学院传统与牛桥导师制[J].清华大学教育研究,2011,32(6):46-53.

第四节 小 结

英国历史上的政治剧变及大学改革时期学院所采取的一系列积极举措成就了牛津大学当下的学院式结构、课程体系及导师制教学模式。纽曼关于心智培养、自我教育和博雅教育的理念则为牛津大学现代导师制提供了丰富的理论指导。经过数百年的发展，牛津大学导师制在宗教传统、学院制、高等教育理念等因素的共同作用下，参与导师制教学的学生、导师和学院已经自然形成一种良性发展的学习型组织，"学生渴望在导师面前有很好的表现，导师希望学生在学院中能有出色的表现，学院希望学生在大学里有出色的表现"。

随着时代的变迁，牛津大学根据本国的教育实际不断调整和改革，逐渐形成了"博雅教育、因材施教、师生互动合作、研究性学习"的特点。时至今日，旨在让学生"探究知识、独立思考"的牛津大学导师制依然魅力不减，并逐渐成为一种具有现代大学理念的人才培养制度。

第三章

『整全之人』教育与哈佛大学导师制

19世纪60年代末的美国,内战刚刚结束,开发和扩张是时代的主题。在1860年到1890年间,美国高等教育界以欧洲著名大学为榜样,掀起了一场轰轰烈烈的由传统学院向现代大学转变的改革运动,最终建立了现代大学制度。虽然转型成功了,但美国现代大学在高度专业化、研究化和规模不断膨胀的同时,忽视了本科教育的的重要性。这也引起了哈佛大学校长阿尔伯特·劳伦斯·洛厄尔和普林斯顿大学校长伍德罗·威尔逊(Woodrow Wilson)等有识之士的反思。他们认为,培养学生的"求知精神"才是本科教育的真谛。因此,他们提出了一个培养"整全之人"的新高等教育理念,即:大学应提供方便师生共处的社群从而完善大学文化生活以培养"整全之人"。美国大学的"整全之人"教育理念,与英国大学的"绅士"教育理念有异曲同工之妙。不仅如此,在19世纪以后,师生关系亲密和谐的教育标杆首推牛津大学和剑桥大学。因此,对德式研究型大学深感不满的美国大学中的教育批判者自然地开始转向英国大学寻求信念源泉。为重建大学文化共同体,他们采取了一系列改革措施,其中最核心的就是向牛津大学和剑桥大学学习，引进住宿学院制，实施导师制。

第一节 导师制在美国大学的引入与变革

英国式的学院教育特色之所以能够传入美国，并被诸多美国大学所仿效，离不开美英两国本身文化历史上的共同的"特殊血缘关系"。正如著名大学研究学者孟宪承所说，美国大学从本质上讲，类似于"英式的自由学院加上德式大学的一个混合组织"①。另外，19世纪末至20世纪20年代又恰好是美国本土大力宣扬本国文化与英国历史渊源的时期，特殊的渊源与特殊的时代共同促成了美国式学院制及导师制的兴起。②美国大学对牛津大学导师制的学习，主要经历了教师指导制（preceptorial system）、学舍制（house system）和群聚学院三个阶段。第一阶段主要是19世纪末在普林斯顿大学威尔逊校长任职期间所实施的教师指导制；第二阶段是20世纪20年代哈佛大学和耶鲁大学在获得大批外来资金捐赠下得以施行的学舍制；第三阶段是始自1968年的群聚学院的兴起与发展。

19世纪90年代中期，美国大学开始效仿牛津大学，纷纷引进综合考试制度、荣誉学位制度和导师制，其中以哈佛大学、普林斯顿大学和芝加哥大学为代表。哈佛大学自1884年放松对学生寄宿政策的要求

---

① 孟宪承.大学教育[M].上海：华东师范大学出版社,2010:5.

② DUKE A. Importing Oxbridge: English residential colleges and American universities [M]. New Haven: Yale University Press, 1996: 172.

之后,大多数学生离开了校内宿舍而搬到了校外住宿。当时还是政治学教授的洛厄尔对此非常不满,他认为,哈佛大学应当重建学生宿舍,恢复强制住校制度,只有这样,才能给学生提供一个人性化的社交平台,才能够恢复这所大学传统的社会凝聚力。不过,鉴于兴建住宿学院需要庞大的经费开支,校外私人捐赠者大多也暂时对此项目不感兴趣,该提议最终没有得到哈佛大学当时的校董的支持。在芝加哥大学,校长威廉·雷尼·哈珀(William Rainey Harper)的住宿学院创建计划虽然并没有招致激烈的反对,但是1905年哈珀遽然离世,计划被无限期搁置。导师制等提议在上述两所大学一一落空。

普林斯顿大学的情况则相对好一些。威尔逊校长在普林斯顿大学的改革大致可以分成三个阶段。第一阶段是全面重组课程;第二阶段是确立经过改良的导师方案或指导教师制度;第三阶段是改造普林斯顿大学的组织模式,使之与住宿学院制相融合。第一阶段进展顺利,其同时也为第二阶段的导师制实施铺平了道路。1905年,普林斯顿大学董事会正式设立指导教师岗位,有四十五位助理教授接受了指导教师聘书,其中十二位来自本校,其余人是威尔逊从校外聘请来的。普林斯顿指导教师计划是在牛津大学导师制的基础上改良而来的,其目的是"将小型学院的个体交流与导师指导引入普林斯顿",促使学生在课外也能对课程内容进行思考和探讨,从而使普林斯顿拥有真正的智识生活。[①]为此,普林斯顿大学模仿牛津大学导师制教学,推出了专门针对大三、大四等高年级学生的一种新型指导教师计划。指导教师

---

① LEITCH A. A princeton companion[M]. Princeton:Princeton University Press,1978:374.

的首要职责是与学生建立起个性化的学术联系，然后，通过与学生之间的这种指导关系，帮助学生将课程学习与课外生活结合起来。指导教师计划主要面向高年级学生，指导教师每周会对他们进行一次小组指导，指导的主题是"如何围绕学生的讲座课程进行深入阅读"。指导教师的选拔标准是："绅士一般、亲切友善、平易近人，同时，个人素养广博，具有对学生思维等方面的影响力。"[1]威尔逊认为，普林斯顿大学的指导教师与当时牛津大学和剑桥大学的导师并不完全相同，因为前者的工作侧重帮助学生提高学术研究的能力，而后者，在威尔逊看来，过于关注学生的生活层面。[2]虽然威尔逊前两个阶段的改革都获得了成功，但第三阶段的方形庭院计划，旨在对学校组织的社交层面进行改革，因关系到对普林斯顿传统学生俱乐部的废除，以及对不同机构事务处理优先权的争夺，故遭到了校友会、教师团体和学生群体的一致反对，最终计划被校董事会取消。威尔逊校长的任期结束后，普林斯顿指导教师计划仍然施行了一段时间，但其弊端日益显现：指导教师们肩负着太多的课程阅读任务，以致没有时间促进自身的学术发展；指导教师也未能达成最初制订的自主学习目标。到了1925年，来自学术部门的建议者逐渐取代了指导教师，指导教师的职位随之被取

---

① WOODROW W. Address before the undergraduate press club, princinton, 15 April 1905, quoted in link, Wilson. the road to the White House[M]. Charleston：BiblioLife，1964：41.

② BRAGDON H W. Woodrow Wilson：the academic years[M]. Cambridge，Mass.：Belknap Press of Harvard University Press，1967：365-366.

消。[1]由上可知,19世纪末学院导师制的引进尝试,无论是在哈佛大学、芝加哥大学,还是在普林斯顿大学,由于资源的有限性,更确切地说,都因受到财政因素的制约而无法完整实施住宿学院计划。

尽管屡屡受挫,但美国大学对于引入英式住宿学院制的热情未曾消退过。20世纪20年代后期,伴随着招生规模的扩大,本科教育也受到越来越多的关注。得益于耶鲁校友、石油大亨爱德华·哈克尼斯(Edward Harkness)的慷慨捐赠,哈佛大学和耶鲁大学终于获得足够的资金,开始创建牛津式的住宿学院,并相继引入了导师制。它们认为,大学生的学习与教师教学其实是追求学问过程中的一种相互陪伴与共同参与,因此,它们首先对住宿学院导师制进行了尝试。哈佛大学对导师的职责进行了细分,如分成新生辅导、专业辅导和住宿辅导等。值得一提的是,这种导师制并没有像牛津大学导师制那样侧重教学指导,而是随着时间的推移,逐渐形成了具有美国特色的本科生导师制。其主要表现为两点:第一,导师制的组织核心不同。与坚持每所学院都应保持本院教师团从而保证师生共同体的英国模式不同,美国的本科生导师制所依附的住宿学院以学科知识和核心课程为中心,从而使住宿学院的体系与学术科系组织相一致。第二,导师的指导重心不同。与英国的导师制侧重教学不同,美国的住宿学院导师制并不涉及教学,其对学生的影响主要通过学生和导师之间的日常接触互动

---

① FLEXNER A. The American college:a criticism [M]. New York:Century, 1908:208.

产生。①

美国大学的住宿学院导师制虽然在20世纪20年代初步建立,但在四五十年代进展缓慢,直到60年代,新一轮建院理念复兴运动的兴起才又掀起一股学习牛津大学学院导师制的热潮。在此期间,全美高校至少新建了四十四所住宿学院,美国大学甚至在1968年提出了一种新的理念,即群聚学院理念,对牛津、剑桥的学院结构进行了美国式的阐释与重构。②群聚学院指在巨型大学框架内创建规模较小、相对独立的住宿式学院机构,为本科生群体创设一种小而亲密的知性住宿氛围。与牛津大学的师生共同体学院结构不同的是,美国大学的群聚学院以学科知识为中心。随着时代的发展,很多群聚学院都从核心课程中心发展成了跨学科的课程实施中心。

导师制开始在美国大学落地生根,并逐渐演变出自己的特色,这主要在于英美两国高等教育存在着本质的区别。英美两国虽然存在历史文化上的特殊联系,但在教育体制和社会体制上有着巨大的差异。如在精英教育方面,牛津大学和剑桥大学与英国上层社会一直保持着亲密的联系,它们体现的是特权阶层的价值取向和行为规范,而20世纪的美国教育家则坚决反对知识发展和道德培养的贵族化倾向,要求高等教育在民主社会中起选拔人才的重要作用。英国牛津大学和剑桥大学的导师制教学之所以能如此成功得益于英国大公学教育体系与

---

① DUKE A. Importing Oxbridge：English residential colleges and American universities [M]. New Haven：Yale University Press, 1996：79.

② GAFF J R, et al. The cluster college concept[M]. San Francisco：Jossey-Bass, 1970：9.

大学之间的重要关联,正是由于大公学教育体系的存在,大学才能源源不断地获得适合从事专业学术研究的优质学生。不仅如此,这些学生在进入大学之前就已经熟稔丰富的社群生活,他们只要继续中学时的师生关系就可以在英国大学中轻松实现亲密无间的师生交往,同时在导师的指导下,逐渐培养出共同的专业学术研究旨趣,从而形成师生共同体。而于刚刚从中学踏入大学的美国学生而言,这一切完全是崭新的体验,仅仅通过住宿学院的师生交往来形成师生共同体自然并非易事。因此,慢慢地,在以哈佛大学为代表的美国大学中形成了以学科知识为中心、以宿舍辅导和课程辅导为导师主要职责的导师制。

第二节　洛厄尔与"整全之人"教育理念

美国大学在19世纪90年代中期开始效仿牛津大学,纷纷引进导师制,主要出于两个方面的原因。这中间既有牛津大学导师制自身的影响,也离不开美国大学在19世纪后半叶的转型。

首先,由于导师辅导课的普及,牛津大学学生的智力和道德发展得到了充分的关注,出色的本科教学质量使牛津大学声名远扬,导师制的影响"在英美世界广泛传播,即使是在无法大规模复制导师制的地区也同样如此"[1]。

---

[1] BROCK M G, CURTHOYS M C. The history of the university of Oxford, volume Ⅶ: nineteenth-century Oxford, part 2[M]. Oxford: Clarendon Press, 1997: 132.

其次，19世纪60年代以降，内战结束后的美国经济快速发展，教育领域也是如此，无论是在数量上，还是在规模上，彼时的美国大学都发展迅速。与此同时，曾留学德国的美国学者带回了德国大学的创新和发展知识的学术理念，促成了部分美国大学由传统学院向现代大学的转型，如美国研究型大学就是在这一时期兴起并发展起来的。至1910年，美国高等教育原有的以"心智训练和虔诚精神"为核心的传统观念逐渐被以"学术创新"为核心，旨在培养各种高深知识领域专家的大学理念所取代。①美国大学虽然完成了向现代大学的转型，但是出现了三对新的矛盾：第一，专业人才培养与公民品格塑造间的矛盾。大学的目标转为服务社会之后，专注于培养专业人才，日益摒弃了对大学生公民品格的塑造，而这一点正是民主社会所倚重的。第二，学术不断创新与本科教学质量日益下降间的矛盾。第三，教学规模日益扩大与师生关系日渐淡漠间的矛盾。②

这些矛盾日益受到人们的关注，尤其引起了以哈佛大学校长洛厄尔（1909—1933年在任）和普林斯顿大学校长威尔逊（1902—1910年在任）为代表的美国大学教育管理者的不满。对于大学日益专注于学术创新和科学研究的这个趋势，他们不仅不赞同，而且认为其只会削弱本科教育的重要性，更糟糕的是，如果只把科学研究作为新的核心使命，那么传统大学教育中师生亲密无间的关系将不复存在。对于此

---

① VERSEY L R. The emergence of the American university［M］. Chicago：University of Chicago Press，1965：174-197.

② DUKE A. Importing Oxbridge：English residential colleges and American universities ［M］. New Haven：Yale University Press，1996：39-42.

种趋势的批评,除了大学校长,还有普通教师,如密歇根大学的温利(Wenley)教授就曾在1918年严肃地指出,参与本科生的教学本应是大学教师的职责所在,但美国大学在转变为研究型大学后,由于过度重视科学研究,教师在本科教学过程中逐渐缺位,而教师的长期缺位则会直接影响本科生的求知热情。[1]然而,批评的声音并没有削弱科学研究在教师职业发展中的重要地位。综观20世纪的美国大学,只有极少数教师愿意承担培养年轻人的教学工作,因为学术研究成果逐渐成为评判大学教授成功与否的关键因素,教授是否参与本科教学已不再如传统大学中那么重要,那些热衷于本科生教学的教师不得不放弃自己的学术追求自由。[2]

针对上述矛盾,威尔逊和洛厄尔等提出了一个培养"整全之人"的新高等教育理念,即:大学应提供方便师生共处的社群从而完善大学文化生活以培养"整全之人"。"与其说知识的获取,不如说求知的精神"才是本科教育的真谛。[3]为此,他们提出:"个体的成长必须与群体同呼吸,与社会共命运,大学决不能培养自私、狡猾的利己主义者。"[4]

1909年,洛厄尔就任哈佛大学校长时,正值美国大学由传统学院

① WENLEY R M. Reckless tenants: university of Michigan Phi Beta Keppa address May 1918[J]. Educational review, 1919(47): 32.

② HANDLIN O, HANDLIN M F. The American college and American culture: socialization as a function of higher education[M]. New York: McGraw-Hill, 1970: 85.

③ WILSON W. The spirit of learning[J]. The Harvard graduates' magazine association, 1909: 9-10.

④ DUKE A. Importing Oxbridge: English residential colleges and American universities [M]. New Haven: Yale University Press, 1996: 42.

向现代大学转型，并逐渐步入蓬勃发展的时期。^①尽管其时美国大学获得了持续发展，但在思想和课程方面，"虔诚与管教""博雅文化""功利主义"和"研究"等观念冲突并存，享乐主义、反智主义和个人主义更盛行于当时的美国大学校园。^②

洛厄尔批评说，20世纪10年代的哈佛大学跟外面的世界没有什么两样：阶层集中，人们缺乏情趣、目光短浅、饱食终日。洛厄尔对此极为不满。他指出，本科教学担负着塑造学生性格、树立学生志向、培植学生学术兴趣等重要职责。本科阶段学生养成的团结精神、对目标和知识追求的热忱及真诚的态度，都将对国家发展产生深远的影响。^③洛厄尔还阐述道，大学把来自各地的前途无量的年轻人平等地聚集在一起，不是为了培养蜷缩在狭小范围内追求知识的隐士，而是为了培养国家所需要的人——不仅是学者，还必须是优秀的公民和睿智的领袖。洛厄尔说："大学所培养的，不应是有缺陷的专家，而应是心智健全、富有同情心和能独立思考的人，因此，每个学生的强项和弱项，都应该明确地加以强化或改善。"^④

美国大学的"整全之人"教育理念类似于英国的"绅士"教育理念，

① 约翰·塞林.美国高等教育史[M].孙益，林伟，刘冬青，译.北京：北京大学出版社，2014：106-108.

② VERSEY L R. The emergence of the American university[M]. Chicago：University of Chicago Press，1965：232.

③ LOWELL A L. President Lowell's inaugural address[M]//MORISON S E. The development of Harvard University since the inauguration of president Eliot, 1869—1929. Cambridge，Mass.: Harvard University Press，1930: lxxxviii.

④ 威廉·本廷克-史密斯.哈佛读本[M].张旭霞，许德金，申迎丽，等译.北京：人民文学出版社，2010：25.

同时,这也反映了美国大学学习德国研究型大学模式后存在的两个问题。

一是哈佛大学校长查尔斯·威廉·艾略特(Charles William Eliot, 1869—1909年在任)从德国大学引进的自由选课制(the free elective system)不利于学生的均衡发展。该选课制允许学生在备选课程中自由选课。美国大学中反对自由选课制的教育者则认为,自由选课制就像是学术自由市场,学生在其中就如同消息不灵通的消费者,他们还不得不独自做出关系未来学业的重大决定。而威尔逊和洛厄尔都认为,如果学生的学习过程可以更加连贯、系统和有秩序的话,他们就可以获得更广博的知识。洛厄尔进一步指出,理想的大学教育应该既"博"又"精",如果允许学生随心所欲地选课的话,那么这样的大学教育目标可能将无法实现。因此,大学应该做出一些有关本科生课程的强制规定来确保学生可以按照一个符合逻辑的学习规划来获得各方面均衡的教育。

二是美国大学在学习德国研究型大学模式后逐渐放弃了其在学生课外生活中该有的担当。如19世纪60年代,密歇根大学废除了大学宿舍制度,20年后,哈佛大学也不再强制要求学生在校住宿。当然,这中间除有效仿德国大学让学生自己独立生活、自己照顾自己的因素之外,财政也是一个重要因素。彼时的美国大学常常会把财政预算挪作他用,因为宿舍楼造价昂贵且维修费不菲。当时,美国中西部和南部的一些大学甚至沦落到了要靠兄弟会、姐妹会这些学生社团来提供学生宿舍的地步。洛厄尔对此深表不满,他认为,住宿经历是学生在本科教育过程中的一个重要组成部分,更重要的是,光靠课程本身不可能引领学生个性和品格的发展。因此,洛厄尔在接替艾略特成为哈佛大学校长后,就开始了大刀阔斧的三项改革:首先是对自由选课制进行改革,推出了课程的集中与分配制度;其次是推行导师制;最后是实施综合考试制度。

第三节 **哈佛大学导师制**

从19世纪末开始,哈佛大学、普林斯顿大学和芝加哥大学等一些美国研究型大学开始仿效牛津大学,试图筹建师生同住式学院,并引进导师制。但因为缺乏财政支持,直到20世纪初,哈佛大学才率先建立了导师制。随着导师制的发展和完善,哈佛大学的宿舍导师制(咨询导师制)逐渐成为美国式本科生导师制的典型代表。

一、实施原因:从培养牧师到改革本科教育,再到培养跨学科创新人才

哈佛大学导师制的发展大致经历了原始导师制、课程辅导导师制和宿舍楼习明纳导师制三个阶段,这中间的实施原因依次是效仿英国大学的导师制以师生同住的方式培养虔诚的牧师,改革自由选课制以提升本科教学质量,拓宽导师制实施形式以培养跨学科创新人才。

第一阶段主要是从1636年到19世纪末,以效仿剑桥大学、牛津大学导师制为特点。哈佛学院(哈佛大学的本科生院)从产生之日起,就是按照英国古典大学的模式走的,与英国大学具有一脉相承的直系血缘关系,因此,其从一开始就有过引进英国大学导师制教学的尝试。哈佛学院初创时期就如同剑桥大学伊曼纽尔学院的翻版。从学院章程、学生纪律到课程设置,几乎完全相同。可以说,哈佛学院完全是以剑桥大学的伊曼纽尔学院为蓝本而建立起来的。[①]

哈佛学院在建立之初,就有过引入牛津剑桥大学式的师生同住住宿学院的打算。但是,由于当时财力不足,加上缺乏足够的师资,哈佛学院没能办成类似于牛津大学、剑桥大学那样的导师制住宿学院。但是,哈佛学院保留了改良版的导师制,即让一名教师负责整个班级的全部课程,最后,通过学业报告决定该班学生的升降级。直到1737年,这种做法才被由四名导师分别承担不同的科目的做法所取代。可以说,这种指导形式并不是严格意义上的英式导师制,真正意义上的导师制是19世纪末20世纪初哈佛大学在对自由选课制进行改革时产生的。

第二阶段主要是从19世纪末到20世纪60年代,以课程辅导导师制为特点。如前所述,哈佛大学从19世纪末开始就有过引进牛津大学学院导师制的计划,但当时由于财政原因没能得以实施。1909年,洛厄尔继任哈佛大学校长。其时,是美国政治、经济、社会和文化教育空前繁荣的时期。自内战后,美国的高等教育发展迅猛,截至1910年,美国共有高等院校一千余所,高等院校在校学生数逾三十五万,高等教育由精英教育向大众教育发展。哈佛大学在20世纪初已发展成为规模近四千人的大学。彼时,学生规模迅速扩大的哈佛大学正经历

---

① 郭健.哈佛大学发展史研究[M].石家庄:河北教育出版社,2016:12.

着向现代研究型大学的转型,相比于本科教育,当时的校长艾略特更关注学校在转型发展过程中的其他问题,如研究生教育。洛厄尔上任后对前任校长艾略特过于关注研究生教育的做法提出了批评,他指出,哈佛大学应该恢复重视本科教育的传统。洛厄尔认为,自由选课制导致课程碎片化,不成体系的课程学习不仅损害了自由教育,同时也大大降低了本科教学质量。牛津大学一直以其自由教育闻名于世,"自由教育常被视作学生职业生涯和学术生活中不可或缺的重要组成部分",故洛厄尔建议效仿英国牛津大学的学院制,引进导师制,以培养全面发展的人才。①

1910年,洛厄尔对自由选课制进行改革,推出了课程的集中与分配制度,紧接着开始推行导师制、实施综合考试制度等。他借鉴英国牛津大学,提出并创建了课程的集中与分配制度、综合考试制度、荣誉学位制度、住宿制和导师制等。根据课程改革的需要,洛厄尔提出设置导师,帮助学生准备综合考试和获取荣誉学位,可以说,导师制的推出是哈佛大学课程改革的一个必要补充。另外,哈佛大学导师制也是对学校传统的教师顾问制的一种传承与改革。1909—1910年,助理院长卡斯尔(Castle)提议设立教师顾问制,主要是为高年级学生提供个别辅导。②洛厄尔希望对哈佛大学的导师制进行推进,除出于选课制改革的需要之外,还有一个更深层次的考虑:加强学生的融合和心智

---

① LOWELL A L. Self-education in Harvard College [J]. The journal of higher education, 1930(2):65-72.

② YEOMANS H A. Abbott Lawrence Lowell, 1856—1943[M]. Cambridge, Mass.: Harvard University Press, 1948:155.

训练,以培养其社会性。洛厄尔认为,大学应该让"来自不同地区、不同学校的学生能自然地混合在一起,不受早期教育、生活区域和财富的影响",①因此,应该让新生们统一住在宿舍,并一起在餐厅吃饭,接受师长的熏陶。②这也正是洛厄尔后来为了改善导师制效果而推出一项住宿学院制的缘起。

第三阶段主要是从20世纪60年代至今,以导师制呈多元化发展为特点。从1962年的新生研讨班,到1968年的本科生科研计划,再到2002年的住宿学院导师制改革,导师制发展变化巨大。大学根据学生年级和学习阶段的变化,设置了以住宿学院为核心的新生辅导、住宿辅导、专业辅导三种导师制,指导侧重点也相应不同,同时还增设了一名副校长来专门负责此项目。

二、实施现状:从课程改革的辅助机制到学院式生活方式,再到跨学科课程

自1910年洛厄尔对选课制度进行改革后,课程的集中与分配制度取代了原来的自由选课制。课程改革后,哈佛大学的本科生毕业前须完成十六门课程的学习,其中六门课程是"集中"在某一学科领域或专业领域的主修课程,剩余十门课程中,至少有六门课程要"分配"到

---

① BAILYN B, FLEMING D, HANDLIN O, et al. Glimpses of the Harvard past [M]. Cambridge, Mass.: Harvard University Press, 1986: 112.

② LOWELL A L. President Lowell's inaugural address[M]//MORISON S E. The development of Harvard University since the inauguration of president Eliot, 1869—1929. Cambridge, Mass.: Harvard University Press, 1930: lxxix-lxxxviii.

其所学专业以外的自然科学、社会科学和人文科学三个领域中。[①]学习"集中"课程的学生最终需要参加综合考试，这是哈佛学院对所有专修化学和工程科学以外的任意领域的学生在最后一年的常规要求。综合考试检验的是学生对其专修的整个领域的理解情况。如果学生在综合考试中不能表明自己已经基本掌握了主修课程的主要内容，那么将拿不到学位。

　　为了帮助学生通过综合考试，部分院系开始了导师制的试点。1912年，哈佛大学的历史、管理和经济三个院系引入了导师制和综合考试制度。从大二开始，上述院系的学生都会分到一位其所属学科的导师。导师对学生的指导会一直持续到大四。

　　除此之外，洛厄尔借鉴英国的牛津大学和剑桥大学创设了荣誉学位制度，以鼓励学生通过努力，争取跻身优等生行列。这些学生毕业时可以获得学校颁发的荣誉学位。这些学生通常会修习优等生荣誉课程（honors program），这就要求其学习"集中"领域里的高级课程，并在具体阅读或独创研究的基础上撰写荣誉论文。为了更好地提升学生"集中"课程的成绩，并帮助其通过综合考试，导师制的作用不可或缺。处于综合考试要求领域的学生从本科二年级开始就会得到导师的指导。导师由"集中"课程领域中的一名教师担当，并且通常只指导与这个领域相关的问题。不过，哈佛大学导师制与牛津大学导师制不同，哈佛大学的师生关系只是看上去与牛津式师生关系具有一定的相似性，哈佛大学的导师主要承担学生课程学习中的一个辅助功能，而

---

① 郭健.哈佛大学发展史研究[M].石家庄：河北教育出版社，2016：102-103.

非提供系统的指导。①

　　1929年,在获得耶鲁校友、石油大亨爱德华·哈克尼斯提供的资助后,洛厄尔效仿牛津大学和剑桥大学的住宿制,开始修建新的学院式学舍(学生宿舍),以构建师生学习社区。学舍建好后,哈佛大学给每栋宿舍楼都配备了一位由资深教授担任的舍监,舍监一般住在学舍内或学舍附近,其职责是管理学舍,并经常与住在学舍里的学生进行交流。学舍制主要是让所有本科生都住在学舍内,从而提供不同年龄本科生之间,以及学生与导师之间的文化交流机会,培养学生的学术兴趣,并补充和强化正式教育。②

　　1952年,哈佛大学又为每栋宿舍楼增加了一位高级导师。高级导师一般从教师中挑选,主要承担学生教务长的职责。除了舍监和高级导师,每栋宿舍楼一般还会配备导师和合作教师。导师一般从住在学舍的研究生里面挑选,主要负责指导本科生的学习和生活,一般每周指导两到三次。合作教师一般来自教师队伍,在与各学舍建立起稳定的合作关系后,他们的职责是定期访问各学舍的本科生以配合住宿学舍管理者团队的工作。③由此可见,担任哈佛大学导师的除了资深教授、普通教师,更多的是研究生,对他们来说,"导师"并不是一种头衔,而是一份工作。洛厄尔实行的导师制,既不是哈佛大学传统导师制的

① LOWELL A L. General examinations and tutors in Harvard College[J]. Educational record, 1927(2): 66-76.

② 约翰·塞林. 美国高等教育史[M]. 孙益,林伟,刘冬青,译. 北京:北京大学出版社,2014:225.

③ HINDMARSH A E. A Harvard educational plan[J]. Journal of higher education, 1932(3): 174.

简单延续,也不是牛津大学导师制的刻意复制。在哈佛大学,对学生的学业进行督促和指导以更好地准备综合考试才是导师的主要工作。①

哈佛大学并没有统一推行导师制,而是由各院系自由决定,有些院系在二三十年前就开始实施导师制,有些院系实施了几年又放弃了,还有些院系没有实施过导师制。如化学和工程科学院系在整个20世纪20年代都没有实施导师制,同时期其他院系都实施了导师制和综合考试制度。不过,各院系的实施细则存在差异,如导师的指导重点、导师制教学重要性的强调与否,导师是由教师担任还是由博士研究生或者其他教工担任,等等。

在哈佛大学,必修课程、荣誉学位制度、综合考试制度和导师制其实都是对"集中"专修课程制度的一种辅助,即使在那些已经实施了相当长一段时间导师制的院系里,导师制仍然只是对课程制度的一种辅助。②

洛厄尔引入导师制以提升哈佛大学的本科教学质量的做法获得了成功。第一次世界大战结束后,哈佛学院向学生收的学费大幅上涨,是战前学费的足足四倍。尽管如此,报考哈佛大学的学生还是络绎不绝,因为当时哈佛大学的本科教学质量在同期高校中名列前茅,在社会中有很好的声誉。③在洛厄尔的努力下,导师制首先在哈佛大

---

① 郭健.哈佛大学发展史研究[M].石家庄:河北教育出版社,2016:102-107.
② 哈佛委员会.哈佛通识教育红皮书[M].李曼丽,译.北京:北京大学出版社,2010:150.
③ 郭健.哈佛大学发展史研究[M].石家庄:河北教育出版社,2016:107.

学扎下根来。20世纪50年代,哈佛大学规定每位导师负责六名学生。^①导师制的推行使哈佛大学的本科教学质量得到了很大的提升。哈佛大学导师制逐渐变成以学科知识为中心、以宿舍辅导和课程辅导为导师主要职责的制度。

19世纪20年代,曾经留学德国的哈佛大学教授蒂克纳把德国大学中的习明纳引进美国。不过,哈佛大学直到1959年才开始新生研讨班的实验,并在三年后,把新生研讨班计划正式纳入本科生课程规划。新生研讨班活动指针对一年级学生的一种主题阅读和主题讨论活动,学生在教师指导下阅读指定主题相关的书籍,经过小范围的主题阅读和主题讨论后,进行相关的读书报告撰写。这样的研讨班活动可以给刚刚踏入大学的学生带来一种独特的教育体验。新生研讨班的指导老师并不限于文理学院的教师,其他学院如法学院、医学院、商学院等的教师,甚至是从其他大学来哈佛大学做访问学者的教师,都可以担任新生研讨班的指导教师。授课采用跨学科方法,每个新生研讨班一般限定为十四人。学生可以通过参加与教师布置的阅读材料相关的小组讨论来参与新生研讨班,也可以同其他三四名同学相约一起参加以对学术论文的阅读和评论为主题的新生研讨班。无论是以上哪种形式,新生研讨班活动主题都非常宽泛,如有"爱情与友谊政治学:家庭、社会和国家中的人性依附"等。研讨课一般面向十二名学生,由新生研讨课项目办公室专门负责,聘请的研讨课教师一般为知

① MORISON S E. Three centuries of Harvard, 1636—1936[M]. Cambridge, Mass.: Harvard University Press, 1994: 32.

名教授或学者，授课内容以教师的研究兴趣为主，每周两三小时，研讨课上常常要求学生完成大量写作和口头报告。哈佛大学的新生研讨课以授课教师根据学生表现给出的"满意"或"不满意"为最终评价，并计入学生学分和教师的教学课时。正如哈佛大学官网上所指出的，新生研讨课是"最棒的哈佛经历"。

1968年，哈佛大学又为本科生开设了宿舍楼习明纳，平均每年约十一门。学生只需向舍监办公室报名，得到允许后就能选修。[①]不过，不同于新生研讨班活动，宿舍楼习明纳旨在发挥宿舍楼的教学和育人作用，因此，面向的对象更广泛，不仅包括各个年级的本科生，还包括研究生。与新生研讨班活动相似，宿舍楼习明纳的主题也都有一定的广度和深度，既关注学生的特殊需要，又注重理论和实践的结合，如有"医学道德规范：法律与医学问题""西格蒙得·弗洛伊德与C.S.刘易斯：两种对立的世界观"等。在这些研讨课上担任指导教师的人可以称为教学导师，一般从专职教师和研究生中选拔。

哈佛大学为了培养学生的创新能力，还实施了本科生科研计划。其为本科生提供了各种校内外研究项目，旨在构建以研究为基础的学习，即让学生通过参与这些项目来进行研究性学习。在这些项目中对学生进行指导的教师可以视作研究导师。研究导师主要培养学生的专业能力和综合能力，一般由专职教师担任，分专业研究导师和项目研究导师两种，两者的区别在于项目研究导师没有学习阶段的限制。

---

① 刘宝存.为未来培养领袖：美国研究型大学本科生教育重建[M].北京：高等教育出版社，2011：167-168.

也就是说,教学导师和研究导师强调学生研究能力的训练,以及综合能力的提升。

不过,哈佛大学的导师中最为人所熟知的是为学生提供所需指导和服务的咨询导师,其一般由专职教师、行政人员、研究生和高年级学生组成,咨询导师一般与学生一起住在学舍里,工作以咨询和谈话指导为主。在哈佛大学,咨询导师因年级的不同而不同,分为新生咨询导师和高年级本科生咨询导师两种。哈佛学院专门为一年级本科生提供特殊指导。新生导师委员会由教师、行政管理者、文理学院研究生和专业学院学生组成,总共有近三百人。每名新生都有导师,舍监、导师和合作教师负责为学生提供学术和社会的咨询。所有二年级本科生被分配在各学舍中。学舍的设施配备非常齐全,二到四年级本科生的每栋宿舍楼都安排有舍监、高级导师、合作教师、导师等,都设有"宿舍楼委员会"。每栋宿舍楼由一位舍监统管,舍监由教师团中的高级成员或高级管理者担任,主要负责与宿舍楼相关的事务。每栋宿舍楼配有一名高级导师,在哈佛学院院长和舍监的指导下负责宿舍楼学生的学术和健康方面的事务。高级导师和舍监一样,通过三餐、宿舍楼活动、工作时间和偶尔接触为学生提供支持。二到四年级本科生的每栋宿舍楼还有若干住宿或非住宿的导师,最典型的导师是研究生或教师团中的低级成员。他们的职责包括:动员宿舍楼本科生组织和参与智力、文化、课外活动,如语言圆桌会议、戏剧表演活动等;为对本专业感兴趣的学生提供指导和建议,为学生写申请研究基金和研究生学习的推荐信;指导本科生的学习和生活,一般每周导师和学生个别接触两三次,学生向导师汇报近几天来的学习进展情况和遇到的困难,教师予以指导并布置必要的作业。通过与学生不断接触，导师潜移默化地影响着学生的思想观念和价值取向。哈佛大学的学舍导师具备双重作用，既在课余时间担当师长，又充任离家学生的家长角色，学生在和各类导师的谈话和接触中能够及时发现并解决在学术成长或身心健康方面出现的问题。①

三、实施成效：师生互动社区的熏陶及导师制的杰斐逊主义改革

在洛厄尔离任之前，课程辅导导师制不仅使哈佛的导师们坚定了培养具有远大抱负学者的信念，也使学生们的学习态度发生了巨大的变化，极大地提高了学习成绩。不过，导师制在大多数自然科学中达不到人文学科和社会科学中的那种令人满意的效果。

哈佛大学的咨询导师制所蕴含的理念是"学院式生活方式"②。曾有过学舍生活经历的哈佛学生认为，"宿舍楼生活很美妙，我们是一个小型的、多样化的社区，在这里，人们真心实意地相互关照，在这里，舍监和导师们不知疲倦地创造思想知识和文化机会，鼓励我们产出"。有位哈佛舍监曾说："在我看来，宿舍楼最重要的角色是在一所伟大的大学里充当一种教化媒介物。我认为，理想的实现大学理念的方式是师徒授受关系，只有这样，才可以尽可能地以频繁互动的方式交流传

---

① 张家勇,张家智.哈佛大学本科生住宿制和导师制[J].比较教育研究,2007(1)：75-79.
② 张家勇,张家智.哈佛大学本科生住宿制和导师制[J].比较教育研究,2007(1)：78-79.

播知识。实际上,最有效的学习往往是在最漫不经心时,如喝茶、做杂务,甚至是在彻夜狂欢时。不幸的是,现代生活方式使得这种教学越来越不现实了,我无法想出比实施学舍制更好的方法来矫正这种失衡。"

哈佛大学导师制是课程体系的一种辅助物,有了导师的辅导和帮助,本科生几乎可以在每个学系中进行选课。但无论是从财力上还是从人力上来说,导师制都是一种昂贵的制度。此外,由于导师制对教学要求甚高,对很多教师来说,导师制教学是一种负担,因此很多教授不太愿意参与导师制教学,只有一小部分教师愿意参与一些导师工作。导师制教学的情况虽然存在着系部的差异,不过担任导师的大多是相对缺乏经验的年轻人,如助教研究生(teaching fellows)、年聘讲师(annual instructors)和讲师(faculty instructors),即教师中无长期合同的成员。

哈佛大学的学舍体系与导师制紧密结合,但由于研究生在导师群体中占据主导地位,学舍为师生交流创造契机的实际情形与最初设想无法同日而语。经过认真反思,哈佛校方认为,导师制在最初设计上就存在问题,当初设计者不应该让研究生——非教师——占据大部分导师职位,而当时主要是出于财政考虑。无论在哪个院系,教师一般都无法长期保持对学生个别辅导的兴趣。有鉴于此,哈佛学舍常常把这份工作转交给那些助教研究生。1975年,大卫·里斯曼(David Riesman)注意到,哈佛学舍只为少数热爱学术的学生提供与教师进行社群交往和知识交流的平台,因为事实上,大部分学生不太重视学舍为他们提供的发展契机。①由于来自学术部门的压力,哈佛大学的学舍导师通常是由研究生或低阶教师担任。由此产生的问题是,如果这些导师在师生交流方面耗费了过多精力,就很有可能在职称晋升以及获得终身教职方面失去机会。②更严重的是,虽然长期留住这些由年轻的研究生或低阶教师担任的导师可以造福哈佛及哈佛的学生,但是如果时间太长的话,他们的学术生涯就会受到影响。

由文理学院的教师们写给院长的信可知,不少人认为应该对导师制教学进行改革。以前,导师制是每个学生的权利,无关其品质和表现。现在,导师制应该是一项特权,仅为那些优秀、勤奋的学生而保留。其实这样一种观点早在1931年学生会的一份报告中就有所提及:

> 导师制教学毫无疑问地在学院的几乎每个学生的教育上显示了有益的效果。然而,这种制度的真正目标只在很少的情况下得到了实现。虽然统计数字很难比较清楚地反映问题,但学生会相信,哈佛学院有50%—70%的学生不是把导师制教学看作学院生涯的焦点,而是认为,在三年的学习时间里,导师制几乎就等于施加在每学期课程计划中的第五门课程。据粗略统计,大约有一半的学生不能从导师制工作中得到最好的回报,即使他们从中得到了一些收益。值得一

① RIESMAN D. Education at Harvard[J]. Change, 1975: 24-48.
② DUKE A. Importing Oxbridge: English residential colleges and American universities [M]. New Haven: Yale University Press, 1996: 173.

提的是,即使是那些现在正从导师制教学中受益良多的学生,也几乎未能得到他们所期待的实际帮助。①

三年以后,监理会发表了一份报告,表述了类似的观点:目前导师花费在有责任心的学生与没有责任心的学生身上的时间同样多,而导师在后一种情况下耗费的精力更多。每一种花费都必须证明其合理性,常识告诉我们,导师制教学应该主要为那种真正能从中受益的学生而保留。

为此,经过全盘考虑后,哈佛大学的管理层认为,导师制教学对那些并不想成为优等学位候选人的学生来说,价值可能是有限的。因此,他们决定只为考试成绩优异的候选人或潜在候选人保留导师制。由此,哈佛大学对导师制做了如下调整:

第一,建议那些考试成绩优异的候选人以及打算接受导师制教学的学生到第四学年开始的时候再做这样的选择。如果学生没有进入等级名单中的第四组(Group Ⅳ),那么只有在特殊的情况下,他才可以在三年级的时候与导师一起学习,而他在导师制教学下的学习时间既要根据他在导师制中的表现而定,也要参考他在课程学习过程中的进展情况。

第二,导师制教学不只是那些优等生的专利,倘若没有充分利用这一机会,他们也将被剥夺这种特权。

---

① 哈佛委员会.哈佛通识教育红皮书[M].李曼丽,译.北京:北京大学出版社,2010:183.

第三，任何在三年级开始时因为课程成绩不好而被排除在导师制教学之外的学生，如果在三年级时学习成绩有了很大的提高，那么也允许其成为候选人，并在四年级时接受导师制教学。①

导师主要给学生提供学术上的指导，导师制的优势在于可以为高年级学生提供与指导教师直接而且自然的接触机会，一般针对高年级学生提供导师制教学。

为了让其他学生也得到指导，哈佛大学一般会为每名低年级学生配备咨询导师，其职责主要是在学习、生活方面给学生提供建议和咨询。咨询导师的功用是与学舍紧密相连的。洛厄尔校长首创的学舍制希望效仿牛津大学、剑桥大学的导师制和学院制，然而当时的哈佛大学很难做到这一点，主要有两个方面的原因：一方面是资历老的导师不愿与学生住在同一栋楼里，对于学生的指导又大大增加了其工作量，因此，不是非常乐意参与导师制；另一方面是指导学生需要耗费大量时间，因此，对年轻导师来说，可能会影响他们对学术研究的投入，不利于其未来的职业发展。②有鉴于此，现在哈佛大学的咨询导师往往由教师、行政管理人员、研究生和高年级学生共同组成。

近些年来，各学科领域都在学舍中增添了咨询导师，就连没有实施导师制的化学系也设置了咨询导师。咨询导师的职能包括在分科考试、课程的选择、课外书籍或其他资料的阅读等方面提出建议，以及

---

① 哈佛委员会.哈佛通识教育红皮书[M].李曼丽，译.北京：北京大学出版社，2010：185.

② MORISON S E. Three centuries of Harvard，1636—1936[M]. Cambridge，Mass.：Harvard University Press，1994：447-448.

同学生一起开讨论会(一般一年中有三四次),这既是为了鼓励学生专心学业,也是为了发现和确定哪些学生可以在三年级和四年级时接受导师制教学。很多学生都出于这样或那样的原因在一年级时没拿到优等生资格,但是如果在他们最需要的时候给予他们鼓励和较好的建议,他们就有能力和潜在的兴趣去学习,以达到更高的标准。也有一些学生到了三年级才开始对学术研究有浓厚的兴趣,此时,咨询导师会像对待二年级学生一样,扮演一个重要的角色,鼓励他们努力学习,并推荐他们在四年级时接受导师的指导。

哈佛大学对导师制的调整是基于教育领域的杰斐逊主义(the Jeffersonian)和杰克逊主义(the Jacksonian)的。杰斐逊主义认为,应该发现并为有天赋的学生提供机会;杰克逊主义则认为,应该提高学生的平均水平。美国学校系统同时追求两种目标:向有能力的人提供舞台,给普通人提供机会。[1]不过,在这次对导师制教学的改革中,哈佛大学更偏向于杰斐逊主义,其对希望获得导师制教学的学生提高了标准,主要提供给那些在杰斐逊主义中堪称"最好的天才"的学生,提供给那些有思想、有成熟的价值观,并且既关心学习数量也关心学习质量的学生,提供给那些善于提出问题并自主解决问题的学生,也提供给那些有能力、有理想,并且总是努力解决问题的学生。对这些学生来说,导师制教学是非常合适的,也正是因为他们,导师制应该保留

---

[1] 哈佛委员会.哈佛通识教育红皮书[M].李曼丽,译.北京:北京大学出版社,2010:20-27.

下来并得到加强。①

"二战"之后,由于《退伍军人再适应法》的颁布,以及后来经济发展的不断需要,美国本科生人数急剧增加,获学士学位的人数从1945年的157349增长至2000年的约1200000。美国的高等教育不再是精英教育,而是面向美国大众的教育。随着学生数量持续增加,办学规模不断扩大,大学推出了一系列个性化的教学方式,如荣誉课程、科研实习项目、新生研讨会、小组辅导、大四学生小型座谈会,以促进师生之间近距离的交流。其中,荣誉课程是针对优秀学生实施的一种教育计划,重视开设交叉研究性课程、侧重课外学术活动的开展、强调导师的个性化指导是荣誉课程的主要特征。②为了帮助本科生掌握自主学习的本领,本科研究性项目、新生研讨会等已经成为美国大学的本科教育特色。③

哈佛大学的本科生导师制,主要有两个特点:第一,导师制的组织核心不同。与坚持每所学院都应保持本院教师团从而保证师生共同体的英国导师制模式不同,美国的本科生导师制所依附的住宿学院以学科知识和核心课程为中心,从而可使住宿学院的体系与学术科系组织相一致;第二,导师的指导重心不同。与英国的导师制侧重教学不同,哈佛大学的导师制除提供传统的生活学习咨询之外,主要通过宿

① 哈佛委员会.哈佛通识教育红皮书[M].李曼丽,译.北京:北京大学出版社,2010:179-188.

② 德雷克·博克.回归大学之道:对美国大学本科教育的反思与展望[M].侯定凯,梁爽,陈琼琼,译.上海:华东师范大学出版社,2012:19-21.

③ 尚红娟.美国一流本科教育的改革与发展趋势[J].现代大学教育,2018(3):37-38.

舍楼习明纳实现一定的教学功能。

不过,哈佛大学的咨询导师制有其先天的不足,由于担任导师的不是低阶的年轻教师就是助教研究生,因此无法保证导师制教学的质量。对此,哈佛大学对导师制做了调整,改为主要为高年级的优秀学生提供导师制教学辅导,并且这些学生的名单还会随着他们自己的学业表现而不断调整,从而保证导师制为真正想认真学习的学生而开放。对于没被选入导师制教学的学生,哈佛大学主要为其提供学舍导师,在学习、生活方面予以建议和指导。与此同时,哈佛大学导师制还呈现出新生研讨班、宿舍楼习明纳、本科生科研计划等新形式,而这些导师制形式主要围绕课程或研究项目,一般是小群体指导。

第四节 小 结

导师制在美国的引入、发展与创新实际上经历了一个曲折的过程:从19世纪末为了提高本科教学质量,效仿牛津大学导师制,试图建立住宿学院,创建小而亲密的学者社群来构建师生共同体的尝试屡屡受挫,到成功获得资金,创建住宿学院,却因为教育规模的持续扩大而慢慢演变成具有美国特色的宿舍导师制和课程辅导导师制,再到20世纪60年代后,对英式导师制与德式习明纳进行创新整合,构建新生研讨班、宿舍楼习明纳和本科生科研计划等多种导师制创新形式。这充分说明了对于他国先进教育理念和教育管理体制的引进不仅需要借助于一定的机缘巧合,同时还要在真正理解他国的教育体制、历史

传统和办学理念的基础上，结合本国教育实践进行理性探究和深入分析，并进行大胆创新。美国大学的导师制教学仍在不断发展和完善，虽然其目前的导师制实施形式已与英式的导师制教学相去甚远，但其发展历程和创新特色依然能给我国高等教育改革提供不少借鉴。

如果说牛津大学导师制教学本质上是一种关系，那么哈佛大学导师制则是一种课程辅助制度。哈佛大学的导师制源于对选课制改革的需要，包括导师制在内的一系列教育机制，如学系、必修课程、荣誉学位制度和综合考试制度其实都是对专修课程制度的一种辅助，因为专修课程制度需要为有能力和有进取心的学生提供在其所选择的领域中学有专长的机会。①随着时代的发展，哈佛大学导师制积极响应社会对人才培养的需求（"增强教学互动、培养学术兴趣"），做了一系列相应的调整，导师制的功能逐渐变为：通识教育的辅助、专业能力和社会能力的提升指导。

目前的哈佛大学本科生导师可以分为咨询导师、教学导师和研究导师三种。咨询导师不涉及专业指导，由专职教师、行政人员、研究生和高年级学生组成，其指导形式为咨询和谈话，是对通识教育的一种辅助。教学导师由专职教师与研究生共同组成，其为学生提供个性化的研讨课。研究导师由专职教师组成，通过研究项目指导以培养学生的专业能力和社会能力。教学导师和研究导师强调对学生的专业训练，咨询导师则侧重学生在学习和生活方面的咨询。总的来说，应对

---

① 哈佛委员会.哈佛通识教育红皮书[M].李曼丽，译.北京：北京大学出版社，2010：150.

各种挑战后的哈佛大学导师制表现为学院式的一种生活方式和主要针对优秀学生进行学术指导的优才导师制,其选拔过程不是一成不变的,而是弹性机动的,这有效保障了杰斐逊主义和杰克逊主义的平衡。在实施导师制过程中,哈佛大学不断根据时代的变化,对普导制与优导制进行了平衡与机动的调整,并逐渐形成了具有鲜明美国本土特色的导师制。

第
四
章

早期导师制尝试：清华大学国学
研究院与大夏大学

关于我国导师制教学的起源,国内学者主要持两种观点。一种观点认为,导师制教学的传统我国早已有之;①另一种观点则认为,导师制是我国近代大学对英美两国大学导师制的引进,主要起源于英国牛津大学。笔者更倾向于后一种观点,但不可否认的是,注重对学生"品性的陶铸"是中外大学教育的共同理想,如《礼记·学记》中就有类似的记载,"大学之教也,时教必有正业,退息必有居学……藏焉、修焉、息焉、游焉。夫然,故能安其学而亲其师,乐其友而信其道"②。另外,古代书院中实施的山长负责制中的全人格教育、通识教育这些传统教育理念精髓,以及强调批判性思考、自我教育和保持师生亲密互动的教学方法,与牛津剑桥所倡导的"培养学生的智识,并通过学院各种活动的师生共处来达到塑造学生品格的目的"的大学理想有颇多相似

① 李国钧,等.中国书院史[M].长沙:湖南教育出版社,1994:199.
② 转引自孟宪承.大学教育[M].上海:华东师范大学出版社,2010:3.

之处。①

中国古代教育中注重言传身教的传统可以追溯到先秦的私学。其他如汉初的经学大师、汉武帝时的"博士弟子员"等的教学都与英式导师制教学有相通之处，而书院的则更加完善。具有学校性质的书院始于唐代，在唐德宗和唐宪宗年间已有明确的书院记载，如湖南衡阳的石鼓书院。②师长对生徒由穷理而修身、处事、接物全面负责。朱熹、周敦颐、吕祖谦都曾掌管学院事务并亲临讲学，既为经师，又为人师，对学生全面负责。以指导学生读书、履践、修养为任务的教师也与牛津大学导师制教学中的教师颇为相似。书院教学一般由山长主持，并采取了各种各样的教学组织形式，有教师的讲课，有生徒自修，有教师与学生的问难论辩，有生徒之间的互相切磋，有包含祭祀和遵行日常礼仪的习礼，也有边游历山水边考察学习的活动，等等，另外，考核也时常进行，定期或不定期的都有。③从某种意义上来讲，朱熹的书院教学制度类似于现代的导师制，即由"主讲之学者（山长、洞主、掌教）主持书院之教学活动，在德行、道艺各方面对生徒全面指导"④。

除了言传身教、全人教育，书院还非常重视因材施教。对明代书院有较大影响的王守仁就曾指出，教育应当符合学生的兴趣，发展其个性。对学生的读书指导是书院教学的一个重要组成部分，山长、洞

---

① BARKER E. Universities in great Britain: their position and their problems[M]. London: International Student Service, 1931:34.

② 李国钧, 等. 中国书院史[M]. 长沙: 湖南教育出版社, 1994:13.

③ 李才栋. 中国书院研究[M]. 南昌: 江西高校出版社, 2005:294.

④ 李国钧, 等. 中国书院史[M]. 长沙: 湖南教育出版社, 1994:199.

主们不仅会在教学上启发引导学生,同时还很注重培养学生的自学能力,常常根据自己的治学经验概括出不少指导读书的原则和方法,帮助学生提高读书自学的效果。

总而言之,"传统书院教育在教育理念上注重全人格教育、通识教育以及打破教育的实用主义传统;在教学方法上强调独立思考、自学为主、注重师生之间的理解和沟通"①。可见,中国古代书院的教育理念与牛津大学导师制的教育理念不乏共通之处。

有学者曾指出,中国的高等教育虽然对英美的教育制度进行了较成功的移植,但对传统教育中的"大学之道"没能做到很好的传承,只是到了20世纪二三十年代,出于机缘巧合,比如引进了"道尔顿制",或需要创办研究院,才重新关注书院精神的传承。②

第一节 清华大学国学研究院整合传统书院制与导师制的尝试

清华学堂成立于1911年,是一所由美国退还超收庚款所创办的新制留美预备学校,其前身为1909年的"游美肄业馆"。1912年改名为清华学校,1925年设立大学部,并创立国学研究院(国学门),与旧制留美预备部并行,至1929年最后一届留美预备部和研究院(国学门)

---

① 陈平原.中国大学十讲[M].上海:复旦大学出版社,2002:6.
② 陈平原.北大精神及其他[M].上海:上海文艺出版社,2000:287.

学生毕业,清华学校结束,正式更名为国立清华大学。

早在1916年,清华学校就引入了"顾问制"以加强对学生的学业、生活等的教育指导。具体做法是:学生可按自己的意愿任选一名教师作为顾问,不愿自选者则由学校指派,一般每名顾问负责训导十人左右。凡是有关于学生的学业、思想、家庭的问题都可向顾问请教,而当学生有过失时,学校亦需征询其所属顾问的意见。1924年,清华学校又设立了学业指导部,用以指导学生的行为。①

1925年3月6日,清华学校校务会议通过了《研究院章程》。《研究院章程》中记载:"本院(清华国学研究院)略仿旧日书院及英国大学制度:研究方法,注重个人自修,教授专任指导,其分组不以学科,而以教授个人为主,期使学员与教授关系异常密切,而学员在此短时期中,于国学根底及治学方法,均能有所获。"清华国学研究院采用兼具中国书院教学与英式导师制教学之长的教学方式,"招海内外成学之士,凡国内外大学毕业者,与现任教育事业,或闭户自修,而有相当之学力者",不分学科,由导师分别给予专门的指导、分门研究,以期对世界文化有所贡献。按照《研究院章程》,其招收的学员学历上必须大学毕业,或具有相当程度;招生对象是具有教学或研究经验的各校教员或学术机关服务人员,或具备一定经史小学基础的自学人士。另外,清华学校旧制"大一"级毕业生,如果能获得学校的推荐并获得专任教授的许可,就可以作为特别学员进入研究院学习。②

---

① 邱椿.导师制的历史背景之检讨[J].战时知识,1938(6/7):10-11.
② 吴宓.研究院章程[J].清华周刊,1925(360):22.

虽然清华国学研究院培养的人才类似于现在的研究生,其所实施的导师制从严格意义上讲并不属于本科生导师制,但清华国学研究院之制度,兼具中国传统书院制、英式导师制和美式"道尔顿制"之长,[①]其独具一格的学生培养方式对于现今的本科生导师制亦有颇多可借鉴之处,故专门记之。

一、实施背景

清华国学研究院的创办与胡适颇有渊源。20世纪20年代初,胡适曾力主恢复"书院精神",因为书院教学传统"与现今教育界所倡的'道尔顿制'精神大概相同"。1923年,胡适曾专门为此做了一次题为《书院制史略》的演讲:

> 我为何讲这个题目? 因为古时的书院与现今教育界所倡的"道尔顿制"精神大概相同。一千年以来,书院实在占教育上一个重要位置,国内的最高学府和思想的渊源,惟书院是赖。盖书院为我国最高的教育机关。[②]

1924年,更有学者提出了兼容中国书院精神与西方导师制精神的设想,即精心挑选学问品行俱佳的学者作为一个书院的主体来对学生进行陶熔。他们建议参合中国书院精神和西方导师制精神,成立一种

---

① 苏云峰.从清华学堂到清华大学:1928—1937 近代中国高等教育研究[M].北京:生活·读书·新知三联书店,2001:287.

② 胡适.书院制史略[J].东方杂志,1924,21(3):2.

新的学校组织。书院的组织特点是以人为中心，"往往一个大师以讲学行谊相号召，就有四方学者翕然从风"，但是书院的缺点在于组织太简单，在现代社会也很难找到一个可以博通众学的人来组织书院讲学。西方的导师制可以与此进行互补，就是寻找一些学问品行俱佳的学者来主持这个新的学校组织，然后让这些学者担负起对学生的求学、品行两方面进行陶熔的责任。①

　　上述想法得到了当时的清华学校校长曹云祥的青睐。1924年，他特意向胡适请教如何创办研究院，而胡适就向他推荐了导师制。蓝文徵1928年毕业于清华国学研究院，他对此曾有专门记载。他说，胡适建议效仿传统书院制和英国大学的导师制，其特点为请教授和特别讲师住在研究院内担任导师，前者主讲国学重要科目，后者讲授专门学科，指导学生做专题研究。②蓝文徵的回忆录里还提到，胡适不只帮忙设计了研究院的组织架构，甚至还曾推荐梁启超、王国维与章太炎为导师人选。

　　清华学校原本打算同开办新制大学部一起，创建与大学本科相衔接的多科研究院，可最后由创建多科研究院转为创立国学研究院。这主要出于财政和时代背景两方面的考虑：其一是学校的经费有限，无法支持多科研究院的开设；其二是国学研究对于当时国内文化教育事业发展非常重要，因为创办国学研究院时恰逢新文化运动和中西文化的碰撞，"国人对于西方文化，宜有精深之研究，然后可以采择适当，融

---

① 任鸿隽，陈衡哲.一个改良大学教育的提议[J].现代评论，1925，2(39)：10-13.
② 蓝文徵.清华大学国学研究院始末[J].清华校友通讯，1970(32)：2.转引自陈平原.北大精神及其他[M].上海：上海文艺出版社，2000：289.

化无碍;中国固有文化之各方面(如政治、经济、哲理学),须有通彻之了解"。因而清华学校决定将多科研究院的创办暂时搁置,先设国学门一科,按照《研究院章程》,其目的在于培养专门从事学术著述者和各种学校的国学教师这两类人才。[1]至于研究院的名称,因只有国学门一科,故称清华国学研究院。

二、实施经过

清华国学研究院对学生的培养结合了中国传统书院制和英国大学的导师制。报考学生经考试被录取后,常年住在研究院内,跟着教授,专注学问,潜心研究。教师也常年住在研究院内,承担讲授及指导的职责,注重培养学生的自学能力,并帮助其掌握做学问的方法。教授主要负责对学生的研究方向和研究内容进行指导,将学生按研究方向来分组,而非以学科分组,目的是促进师生关系的熟悉密切,而学生通过与专任教授的密切接触,耳濡目染,得以"于国学根底及治学方法,均能有所获"[2]。"设研究院之本意,非欲诸君在此一年中即研究出莫大之成果也;目的乃专欲诸君在此学得若干治学方法耳。"[3]

清华国学研究院的教师分为专任教授和特别讲师两种。专任教授一般为宏博精深、学有专长之学者;特别讲师则是对某种学科素有研究之学者。清华国学研究院聘请教授和讲师的标准颇高,具体表现

---

① 吴宓.研究院章程[J].清华周刊,1925(360):21.

② 吴宓.研究院章程[J].清华周刊,1925(360):23.

③ 梁启超.梁任公教授谈话记:九月十一日下午三时半在研究院第五研究室[J].清华周刊,1925,24(3):98.

在四个方面。第一是必须掌握中国文化之全部知识，第二是必须掌握正确的科学研究方法，第三是必须熟悉欧美日本学者针对中文及中国文化的相关研究成果，第四是愿意亲近学生并热衷指导，以帮助学生在最短时间内学到丰富的知识和严谨的治学方法。①

根据教授在开学日公布的指导学科范围，学生可以选择一个自己感兴趣的题目，在开学两周之内，上报并备案。然后，学生可自由选择一位教授指导自己，如果题目复杂，那么也可以请多位教授来指导，但题目选定之后，不得更换。学生的研究期限一般为一年，如果研究题目较难、研究范围较广，而且学生的成绩优秀，那么可以向教授申请延期一年或两年。

教授应与其指导的学生约定固定的时间，"常与接谈，考询成绩，指示方法及应读书籍"。除了个别指导，若有不少学生的研究题目相同或类似，教授则可以同时约见多名学生并进行集体指导，也可以采用在教室里做讲座的形式进行指导，具体方式由教授本人决定。除集体指导、专题研究之外，每位教授还必须每周至少做一次公开演讲，演讲内容可以是经史之学、治学方法、本人研究心得等。这种演讲，要求研究院的每名学员均到场学习。特别讲师"专就一定之学科范围演讲一次或多次，学员研究题目与此有关者，均须到场听收"②。

研究院的教学指导形式，"很像'道尔顿制'的教育，个人研究个人的嗜好，而请教授指导指导"。③"道尔顿制"是一种自由教育制度，由

---

① 吴宓.清华开办研究院之旨趣及经过[J].清华周刊,1925(351):1-2.

② 吴宓.研究院章程[J].清华周刊,1925(360):24.

③ 丁文江,赵丰田.梁启超年谱长编[M].上海:上海人民出版社,1983:1139.

美国的海伦·帕克赫斯特(Helen Parkhurst)于1920年开创，主要具备三个特征。第一，把教室改为各学科的作业室，并在作业室里按学科——陈列参考书和实验仪器，方便学生学习和使用。第二，废除上课讲授的方式，而是按月制成各学科的教学大纲和作业要求，让学生自行学习，并完成每月的学习内容和相应的作业。第三，通过师生间的学习公约对学生进行约束。学生可以按自己的兴趣自由分配自己在作业室进行学习的时间。同时，各作业室会配备一位教师，在学生需要的时候负责指导和答疑。"道尔顿制"允许学生按自己的学习进度来提前结束该学科的学习，或者申请缩短学习的年限，因而具备充分发挥学生主动性的优点，不过缺点是如果学生缺乏自律性，就容易放任自我。[①]

三、实施成效

清华国学研究院不仅吸收了英式导师制和美式"道尔顿制"的培养方式，而且对中国传统书院精神做了很好的传承，形成了尊师重道的好传统，"研究院的特点，是治学和做人并重，各位先生传业态度的庄严恳挚，诸同学问道心志的诚敬殷切，穆然有鹅湖、鹿洞遗风。……院中都以学问道义相期，故师弟之间，恩若骨肉，同门之谊，亲如手足，常引起许多人的羡慕"[②]。

为了让学生更好地接受导师们的人格熏陶，清华国学研究院每月

---

① 孙敦恒.清华国学研究院史话[M].北京:清华大学出版社,2002:82.
② 蓝文徵.清华大学国学研究院始末[J].清华校友通讯,1970(32):4.转引自孙敦恒.清华国学研究院史话[M].北京:清华大学出版社,2002:143.

会举行一次茶话会，师生或是讨论研究的方法，或是讲述为人处世的经验，以收"观摩砥砺之益"。学生可以随时到五个研究室或导师家中去请业问难。除了茶话会，国学研究院的师生还常常一起出游、聚餐或参观、访问。这些活动增加了师生间的接触，密切了师生关系，从而使导师在日日的交往中对学生的为学做人产生潜移默化的影响。

清华国学研究院虽然历时较短，但在其四年的历程中，采用兼具中西之长的导师制，培养出了大量学有专长的国学人才。清华国学研究院四年共录取七十四人，大部分学生一年就顺利毕业，基本每人在求学期间都写了好几篇论文，除退学和病故之外，实际完成学业者六十八人。清华国学研究院的毕业生中，王力、周传儒等十一人先后公费或自费赴英法等国深造，其余人分散在各大学院校从事教学和研究工作，抗战期间，出任大学教务长、院长等教学行政主管的学生有十七八人。"被誉为好教授的，为数更多。"虽然他们没有学位，但大多数人都能终身从事教育和学术研究工作，在教学之外，也勤于研究，发表专书和论文诸多，这是清华创校以来国学和人文教育的一项重大成就。①

清华国学研究院在短短四年中能取得如此优异的育人效果，导师制的培养方式功不可没。梁启超、王国维、陈寅恪和赵元任四位导师渊博的学识、严谨的学术风气和认真负责的品格令日夜一起修习的学生耳濡目染，因此，学生无论是学业还是品行，都在润物无声中得到了

---

① 苏云峰.从清华学堂到清华大学：1928—1937 近代中国高等教育研究[M].北京：生活·读书·新知三联书店，2001：332-333.

陶冶。也许正因为国学研究院导师制教学的成功实施，1936年，为了对学生的学业及生活进行指导，《国立清华大学试行导师制办法》颁布，导师制开始在清华大学全校试行。①

第二节 "师生合作"传统与大夏大学导师制

虽然在我国的金陵女子大学和清华学校等大学中，从20世纪20年代初起就已出现了一种类似导师制的"顾问制度"，以指导学生的学业及生活，但真正对导师制进行探索的大学，如大夏大学、燕京大学和国立浙江大学等大多始于20世纪20年代末至30年代中期。②

1927年，南京国民政府宣告成立。两年后，南京国民政府公布《中华民国教育宗旨及其实施方针》，第四条规定："大学及专门教育，必须注重实用科学，充实科学内容，养成专门知识技能，并切实陶融为国家社会服务之健全品格。"随后的20世纪30年代可以说是中国现代大学制度的定型时期，也是中国现代大学取得重大发展的一个时期。③这一时期，中华民国教育部先后制定了《大学令》《大学规程》等一系列大学法规制度，建立起了较为完备的现代大学体制，促进了大学教育的蓬勃发展。但在大学教育内部治理上，教育方针实用化取向、教育经

---

① 清华大学校史研究室.清华大学史料选编：第二卷 上、下 国立清华大学时期 1928—1937[M].北京：清华大学出版社，2011：185.

② 邱椿.导师制的历史背景之检讨[J].战时知识，1938(6/7)：10-11.

③ 刘海峰，史静寰.高等教育史[M].北京：高等教育出版社，2010：133.

费极度欠缺、课程缺乏标准和体系、师生关系淡漠等问题又严重困扰着大学的发展，其中尤以师生关系淡漠对本科生教育的影响为最。[1]

虽然当时大学教师的待遇还算优厚，但不像其他国家，中国的大学教师无论是工资还是聘期，都并不稳定，向来缺乏保障。正因为工资和聘期的不稳定，大学教师普遍不得不兼几份职，才能补贴家用。这种情形之下，教师忙于上课，自然就无法做到与其所教的学生经常接触和交往，进而演变成"师生视如路人，学校等于传舍"的境地。从教育自身来说，要从根本上改变学风，首先要塑造教授、学生孜孜于研究教学的常态学校生活。可惜的是，除了教师忙于兼职，当时的大学入学选拔标准也不高，而且学生在考上大学之后，常常持一种"学而优则仕"的传统优越感，"属于有闲阶级，得免劳力之操作"。如此种种，师生形如陌路自是难免。因此，为了改变此种状况，1930年召开的第二次全国教育会议通过了《改进高等教育计划》，该计划提出了六条提高教学效能的办法，其中第四条明确提出，"国立大学教授、讲师，除教室授课之外，应规定时间，在校内接见学生，负个别指导的责任，师生宿舍都具备者，应提倡试行导师制度"[2]。其中，大夏大学是民国时期大学中最早实施导师制的一所大学。

大夏大学成立于1924年，是厦门大学三百余名师生因学潮集体离校，在上海发起建立的一所综合性私立大学。大夏大学自1929年4月5日开始实施导师制，远远早于南京国民政府教育部推行导师制纲

[1] 中国第二历史档案馆.中华民国史档案资料汇编：第五辑第一编 教育（一）[M].南京：江苏古籍出版社，1991：1085.
[2] 孟宪承.大学教育[M].上海：华东师范大学出版社，2010：64.

要的公布时间,一直到1946年结束,实施了将近20年的时间。

大夏大学在建校后不久就开始推行导师制主要出于两个方面的原因:当时我国大学教育中师生关系的淡漠是大夏大学实施导师制的外因,而该校留洋归来的教职员工对导师制的推崇和"师生合作"传统则是该校实施导师制的内因。[①]

其中,最重要的原因就是如前所述的师生关系淡漠。当时国民党北伐获得成功,政局开始趋于稳定,大专院校的招生规模也随之扩大。即便是新建立不久的大夏大学,随着办学声望日高,报考的学生也越来越多,1924年招收的学生仅为190人,1930年则达到了1066人,相对应的教师则只增加了13人,1924年和1930年分别为54人、67人。[②]从上面的数据可知,教师增加的数量与学生增加的数量相比要少得多,再加上前面提到的教师工资和聘期不稳定,教师往往不得不身兼多所大学的教职。如此一来,大学的教学质量以及师生关系大不如从前,大夏大学的欧元怀教授就曾特意撰文指出:"今日各级学校的怪现象,莫过于教师与学生关系日渐疏远……大学师生关系的疏远,其程度比中小学尤为深刻化……教师与学生的关系,可以说完全只是智识上的交易关系。教师以智识出卖,向学校支薪,学生为取得文凭,缴费上课。"[③]因此,增加师生接触机会,改善师生关系,对学生施以有针对性的指导训练以解决就业之困,"俾学生于修业之余,兼能研立身处世

[①] 喻永庆.民国时期大夏大学导师制实施考察[J].高教探索,2018(10):91-96.
[②] 佚名.本校历年学生人数比较表[J].大夏周报,1948(14):1.
[③] 欧元怀.推行导师制平议[J].教育通讯(汉口),1938(32):4-7.

之道"是大夏大学施行导师制的直接目的。①

　　大夏大学的导师制能够得到施行还应归功于该校大批曾留学海外的教职员工的支持,尤以欧元怀和鲁继曾两人为代表。1927年,王伯群继任大夏大学校长,他把为学校选聘优秀师资作为自己的首要职责。因此,当时的大夏大学师资力量雄厚,其中很多教师还曾留学欧美,如1929年,大夏大学的专任教师有五十六名,其中有四十多名曾留学英美的著名大学。②特别是欧元怀与鲁继曾两人都曾在美国哥伦比亚大学留过学,并都承担着大夏大学教学与管理的重要工作。欧元怀是大夏大学的创始人之一,并在建校后担任副校长,鲁继曾则长期担任大夏大学教务长和教育学院院长。针对当时大学教育中师生关系淡漠的问题,在采取改善师资、充实课程举措的同时,他们都建议推行导师制。鉴于导师制在美国大学的成功开展,鲁继曾提倡根据我国的实际实施导师制:"今日在全美国试行此制之大学,不下百所,而成绩皆甚可观。故康乃基金会之报告盛称美国大学此种运动为今日美国对于世界教育三大独创之贡献之一。是以吾国各大学应乘时之推移,急起直追,试行适合吾国国情民性质导师制,而切不可故步自封,坐失良机,则吾国之危亡。"③为了在大夏大学更好地普及导师制,鲁继曾专门翻译了《哈佛大学的"总考和导师制"的沿革》一文,向大夏师生介绍英美导师制的特点,同时还剖析了中国传统书院制与英式导师制的相同点:皆能因材施教,以身作则,而以人格感化诸生。对此,欧元

① 朱章宝.本校施行导师制之经过[J].大夏周报,1929(65):6-7.

② 大夏大学.私立大夏大学一览[M].上海:大夏大学,1931:1-6.

③ 鲁继曾.欧美大学之导师制[J].大夏周报,1929(65):4-6.

怀表示赞同,并进一步指出我国大学的导师制应该兼具中国传统书院制与英美导师制之长:"作者生长中国,留学西洋,书院制盛行于中国古时,学校制采用自西洋近代,清末因有见及于科举制流弊,学校遂代之而兴,而今学校制度亦弊端百出,又将采用何法,以补救之耶? 作者恝焉忧之,盖费一日于此矣! 再四思维,以为除改善师资,充实课程之外,唯有实行导师制可以纠正之。"①总之,他们都认为集合中国传统书院制与英美导师制优点的导师制将能弥补班级教学之弊端,值得推广。

除了当时的师生关系淡漠问题,以及留学欧美教授的力荐,大夏大学在建校之初就提出的"师生合作"传统也有利于导师制的实施和推广,因为"师生合作"是大夏大学一直秉承的一个重要的办学指导思想,师生亲密合作氛围一直为校方所提倡。②大夏大学的创办本就"富于导师制之真正精神",鲁继曾就认为,1924年到1927年的大夏大学的"师生合作"是导师制"有实无名"的"肇端",因为"教授皆富于导师之精神,学生皆富于愿安承教之志趣",因此全校"不特充满曩昔书院之遗风,并有学校家庭之实效"。

1928年11月19日的大夏大学第三十二次校务会议上首次提出于毕业班施行导师制的方案,随后即着手制订详细计划办法。③1929年4月,大夏大学的导师制正式试行,起初的主管机关为教务处,试行对象为一百七十七名文、理、教、商各科四年级及高师科二年级的学生,

---

① 欧元怀.导师制为今要图[J].大夏周报,1929(65):3-4.
② 汤涛.王伯群与大夏大学[M].上海:上海人民出版社,2015:9.
③ 佚名.校闻:十一月十九日下午四时第三十二次校务议会会议事摘录[J].大夏周刊,1928(61):22-23.

导师为鲁继曾等二十一人，由校务会议聘定，并按照学生的科别、系别及生长乡土等项在学生中进行分配，每位导师指导的学生一般不超过十人。在施行之前，大夏大学还专门会同各导师召集学生，分头说明注意事项。实施的具体办法如下：（一）导师对学生的指导可以分为集体指导与单独指导两种，形式不限，可以是学术讨论、专题研究、喝茶闲聊、师生聚餐、共游郊外或公园等；（二）导师的具体指导内容可以是有关修身养性、婚姻家庭、学业指导、时间安排、未来择业就业、人际交往等的问题，其中学业指导和未来择业就业是重点。大夏大学实行导师制一学期后，师生互动增加、关系日近，学生对于未来走向社会后如何择业、如何与人交往等方面也慢慢有所了解。①

因1929年在高年级试行导师制效果甚佳，故1930年3月学校开始把导师制实施的范围扩大到三年级的各科学生，同时，为了尊重师生双方的意愿，学校将导师分配原则由单向分配改为了双向选择。至1930年4月，经校务会议议决，除原有各组学生继续由各导师指导之外，升入高一级的学生可以自选导师，春季入学新生则由各学院院长、各科主任、各系主任分别指导。②

随着时间的推移，导师制的实施细则进一步细化，1934年10月颁布的《导师制条例》明确规定了大夏大学实施导师制的宗旨和目的，即："增进教育效能，并使学生于功课之外，得到学问上及生活上之指导"以"实现教导合一、切实考察个性、指导学术研究、辅助解决人生问

① 朱章宝.本校施行导师制之经过[J].大夏周报,1929(65):6-7.
② 佚名.导师制之进行[J].大夏周报,1930(75):34.

题"。①具体实施细则如下:"每学期始末,开全体导师会议各一次,报告指导方针及其经过情形,并提出应行讨论之问题,必要时得开全体导师临时会议";学生按照所习主辅系科分组,各年级平均分配,每组三十至五十人。每学期开学之初,学生会收到导师名单及选择表,可根据需要自愿选择导师。导师指导形式大体分为集体谈话和个别指导两类。学期之初重新分配导师时,一般由教务长召开全体谈话会,说明导师制的意义;后由各导师带领进行茶话会、聚餐会、游园会等形式多样的分组指导。②

《导师制条例》对导师制指导范围也进一步做了规定,方向分自修自治、健康、交际及社会服务等。为便利导师因材施教,群育部还制订了学生情况调查表,涉及家庭状况、身体状况、性情、志趣等十余项,由导师详细考察填写,作为实施指导的依据。③指导方式则比较灵活,导师既可以在每个星期规定时间进行集体指导或个别指导,也可以让学生自己决定,学生有问题可以随时跟导师约定时间请其加以指导。在指导方式方面,导师完全可以自行决定,只要不违背训育原则即可。导师由群育委员会(后改名为生活指导委员会,下设群育部)负责遴选,每学期根据注册学生人数进行调整。导师的人选主要是本校的教员,选拔标准则涵盖学识与品格:"遵行德才为标准",导师的任职时间为四年,即自学生入学起至毕业为止,除非其转院系或其他特殊情形

① 佚名.大夏大学导师制条例[J].大夏周报,1934(1):16.

② 娄岙菲.师生合作:大夏大学的立校精神与当代启示[J].华东师范大学学报(教育科学版),2021,39(10):27-40.

③ 佚名.大夏大学施行普及导师制度[J].申报,1934-10-05(13).

经训育部许可，否则不得更换导师。[1]同时，为了提升导师制的实施效果，其对师生都提出了要求："为导师者，宜具和蔼之态度，诚心指导"；"为学子者，宜具谦和之态度，虚心治学"。[2]

1934年12月，大夏大学开始在全校范围内推行导师制，导师的指导从原来的高年级学生扩大到所有年级。由于学生增多，无法实现按照学系选择导师这一目标，跨系、跨专业选导师的情况大量存在，这就导致学生所学非导师所专，指导缺乏针对性。"学术之领域广大，非一人精力时间所能尽治，自近世科学发达以后，各学问部门愈分愈细，为学者仅能择一而治。"对此，大夏大学开始调整导师制的实施范畴，改以学系为单位，在学系范围内实施导师制，增强指导的针对性。[3]另外，特别值得一提的是，大夏大学在聘请导师时，对导师的品格尤为看重，要求甚高："以节操重于性命与金钱，故虽生命牺牲，亦所不惜，此种高尚品格之表现，允足为吾辈所准绳。"[4]大夏大学的校方也在生活、工作方面给予了导师充分的关心和关怀，如校方认为"教授待遇微薄，保障毫无，实难以发展其才能，且各教授每周授课恒逾十五小时，为导师者，其有几许之心力，可为导师事务而尽瘁乎"，就特意调整减少了导师的工作量，并改善他们的薪水待遇。[5]校长王伯群也经常宴请导师们以示关怀，并切实了解导师制的实施情况。

① 佚名.导师制施行细则[J].大夏周报,1934(1):17.
② 卢辉球.今后本校应如何推行导师制[J].大夏周报,1936(2):29.
③ 喻永庆.民国时期大夏大学导师制实施考察[J].高教探索,2018(10):91-96.
④ 佚名.导师与群育部打成一片[J].大夏周报,1935(18):553.
⑤ 卢辉球.今后本校应如何推行导师制[J].大夏周报,1936(2):29-31.

1938年《中等以上学校导师制纲要》颁布,规定:"为矫正现行教育之偏于知识而忽于德育指导,及免除师生关系之日见疏远而渐趋于商业化起见,特参酌我国师儒训导旧制及英国牛津剑桥等大学办法,规定导师制,令中等以上学校遵行。"彼时,因战争爆发,已西迁至贵阳的大夏大学部分师生虽然对《中等以上学校导师制纲要》中的"导师对于学生之思想、行为、学业及身心施以严密之训导""学生在校或出校后在学问或事业方面其行为不检、思想不正如系出于导师之训导无方,原任导师应同负责任,则由学校除名"等条例并不认同,但依然坚持实施导师制,对于《中等以上学校导师制纲要》只是选择性地吸收了一部分,主要还是坚持大夏大学的导师制实施细则,对导师的要求依然坚持德才兼备。虽然受"二战"的影响,导师制的实施效果已不如战前,但大夏大学一直坚持实施,直至1946年,大夏大学的办学经费已经无法维系导师制的继续推行,才结束了导师制的实施。

在近二十年的导师制实施过程中,大夏大学坚持聘请德才兼备的导师对学生进行言传身教,并根据具体实际对实施细则不断进行调整和完善,特别是对导师品格的严格把关和对实施对象的分类及重点突出这些举措,如导师制的实施侧重对大一新生和大四学生的指导,随着时间的推移,取得了较好的效果。一是大夏大学的师生关系得到了较大的改善,如大夏大学教育系通过导师制的实行,密切了师生间的关系,更好地促进了学生的发展。[1]也正因为良好的师生关系,大夏大

---

① 侯怀银,李艳莉.大夏大学教育系科的发展及启示[J].华东师范大学学报(教育科学版),2011,29(3):89.

学得以较早成立校友会,校友的反哺又给大夏大学的发展提供了有利的条件。二是导师的专门辅导有效地提高了学生的学业成绩,同时,亲密的师生互动不知不觉间又使学生的品德素养得以提升。这使得大夏大学的毕业生在社会上获得了较好的口碑,进一步推动了大夏大学的发展。

第三节　小　结

总而言之,清华国学研究院虽然起初受经费所限,没能完成既定的多科研究院的创办,不得不缩小为国学门一科,但所选的研究内容紧扣时代背景,培养的人才为时代所紧缺,所采取的培养方式兼具中国传统书院制、英式导师制和美式"道尔顿制"之长,更重要的是,由于研究院的章程完备,且所选教师学问品行俱佳,加上研究院规模较小,从而使导师制得以切实执行,因此,能取得如此育人的成效自然不在意料以外。

大夏大学作为民国时期最早实施导师制的大学,其导师制可以说是一种结合中国传统书院制与英美导师制的积极探索,实施细则虽仍有待完善的空间,如每位导师所带学生的数量仍略显过多,但大夏大学在施行导师制过程中不断根据实际进行调整和完善,如将实施导师制的学生由二、三年级扩展到二、三、四年级,再扩展到全体学生,并根据新生和高年级学生的不同特点,制订与之相适宜的导师指导方案,这一点对当今高校本科生导师制的实施依然具有重要的借鉴意义。

此外,对导师人选品德上的严格把关较好地传承了中国传统书院精神,同时这也是对本校"师生合作"传统的一种发扬光大和制度保证。这可以说是大夏大学导师制能取得一定效果的一大重要因素,而教职员工中不少曾留学海外,熟稔欧美的导师制,并能根据实际因地制宜则是另一重要因素。

牛津的引入：燕京大学对牛津大学

导师制的学习与探索

燕京大学成立于1919年,是美国教会在中国创办的一所私立综合大学,由专门培养传教士的几所北方教会学校联合而成。1952年因院校调整,燕京大学建制被撤销,其各院系合并至北京大学等其他高校。虽然仅存在了三十三年,但燕京大学仍为中国各个领域培养了不少人才,如燕京大学的毕业生中就有五十二人成了两院院士。[①]其中,特别值得一提的是燕京大学的社会学系及其导师制教学的探索实践。燕京大学自建校以来主要参照美国东部大学的教育制度办学,如社会学系创办于1922年,由美国普林斯顿大学驻华同学会步济时(J. S. Burgese)、艾得敷(D. W. Edwards)倡议发起,并得到了普林斯顿大学基金会的赞助。[②]因此,燕京大学一直存在与美国大学的合作。不过,燕京大学的社会学系曾在1937—1941年效仿英国牛津大学试行过英国牛津剑桥式的导师制。

---

① 陈远.消逝的燕京[M].重庆:重庆出版社,2011:2.
② 雷洁琼,水世琤.燕京大学社会服务工作三十年[J].中国社会工作,1998(4):39.

牛津大学的哲、政、经荣誉学位课程(PPE)

始于1920年的牛津大学哲学、政治学与经济学(Philosophy, Politics and Economics, PPE)专业是一个历史悠久、颇受欢迎的跨学科本科专业。学生在入学之初就要根据自身兴趣确定课程，并在一年后确定是跨两门学科还是跨三门学科。整个学习期间，通过导师辅导课和讲座结合的培养模式，经过初级考试(prelims)和荣誉学科课程学位大考(Finals)，最终获得"荣誉学位"。PPE课程培养了许多政治家和商业领袖，在英国，牛津大学的PPE毕业生就业范围很广，其中很多人担任过政府的部长甚至首相职位。PPE课程的影响范围很广，不仅在英国、美国和其他盎格鲁-撒克逊国家已经存在多年，而且全球有几十所大学也采纳吸收了这一模式，推行了相关的模仿课程，"该学位在三十三个国家的一百七十二所院校得到了复制"。①

牛津大学自12世纪建校以来，教学内容的重点经历了经院哲学、人文哲学和现代社会科学三个阶段。1800年以后，牛津大学推出了荣誉考试制度，其中的主科包括人文哲学，当时的牛津大学学生把人文哲学课程称为"Greats"。"Greats"又称人文科学或古典文学课程，主要是帮助本科生深入了解罗马和雅典的政治制度，以及柏拉图和亚里士

---

① WHITE B, WAINWRIGHT S, SCHREITER L. One hundred years of PPE 1920—2020 [EB/OL].[2022-05-05].https://www.humanities.ox.ac.uk/files/ppe100yearsreportpdf.

多德的思想，是牛津大学当时提供的唯一的综合荣誉课程。因为融合了古典文学、历史与哲学三门学科，人们普遍认为这是牛津大学当时所能提供的最好课程，其设计的主要目的是培养高智商的学生，使其成为政府和外交部门的高级官员，如能够监督英国治理的内阁大臣等。"Greats"的毕业生所学知识广博，特别擅长处理诸如交通政策、经济管理、城乡规划、国防、外交事务和新福利国家等错综复杂的问题。但是，随着时间的推移，这门课程显得越来越不合时宜。到1920年，"Greats"的学位课程设计暴露了两个方面的弊端。其一，这门课程对于没有学过希腊文或拉丁文的学生并不开放。但是，只有上过公学（即英国的私立中学）的学生才可能掌握流利的拉丁语和希腊语，那就几乎排除了所有其他平民学生。事实上，在第一次世界大战之后，牛津大学（至少是一部分）想要向更多出身贫寒的聪明学生敞开大门。其二，维多利亚时代的"Greats"理念不再奏效。要管理一个现代国家，需要的不仅仅是完美的拉丁文、希腊文、良好的举止和良好的家族姓氏，更需要现代的政治技巧，因此，"Modern Greats"应运而生。①

所谓"Modern Greats"，可以理解为"现代宏博学系"，它的正式名称是"哲学、政治学、经济学学院（School of Philosophy, Politics and Economics）"，简称"哲政经三艺"，但牛津大学的学生习惯以旧名"Modern Greats"称之。"Modern Greats"课程（哲学、政治学和经济学荣誉学位课程）常常被视作对原有牛津大学引以为傲的精英"Greats"课

---

① TORODE J. The other PPE[EB/OL]. (2021-08-13)[2021-08-25].https://www.thearticle.com/the-other-ppe.

程的一种激进制衡。曾先后执掌牛津大学贝利奥尔学院（Balliol College）的本杰明·乔伊特（Benjamin Jowett）和亚历山大·邓洛普·林赛（Alexander Dunlop Lindsay）都表示，"为社会各阶层的精英提供最好的教育，这一点很重要"。因此，他们很关心如何让最优秀的学生接受教育，而无须考虑他们的经济状况。林赛积极支持大学扩校、校际教学和成人教育，并积极参与导师课和工人教育协会，这体现了他远大的教育理想。林赛致力教育改革，他的目标是向更广泛的人群开放一流的教育。其中，在"Greats"的基础上建立一所新学院是他改革的目标之一，目的是使牛津大学对更广泛的阶层开放。

许多人认为，如果牛津大学想要吸引最优秀的学生，就需要一个与现代生活紧密联系的荣誉课程：人们希望，PPE的创立将为牛津大学提供这样一个全新的、更现代的形象，并将培养出新一代的公务员。林赛和其他人为筹办这样一所现代人文学科的荣誉学院准备了一份报告。从一开始，该报告就建议系统教授学生更广泛意义的哲学，而不仅仅是古典文学和历史（以及）政治和经济。①

1920年，哲学、政治学和经济学荣誉学位课程或学院正式成立。实际上，20世纪初，牛津大学的学者们首次设想PPE时，是把它作为一种古典教育的现代形式去尝试的，他们为学生提供哲学知识，并让其结合历史学和经济学的学习，为商业、公务员或公共生活做好准备，即

---

① WHITE B, WAINWRIGHT S, SCHREITER L. One hundred years of PPE 1920—2020[EB/OL].[2022-05-05].https://www.humanities.ox.ac.uk/files/ppe100yearsreportpdf.

帮助学生为现代的战后世界做好准备。[①]PPE的核心是一个三位一体的学科，即：把哲学、政治学和经济学三门学科综合起来，以寻求对现代世界的探索与理解。[②]在日常用语中，PPE已经取代"Modern Greats"，成了哲学、政治学和经济荣誉学院的代称。[③]PPE旨在汇集理解社会和人类世界的一些重要方法，培养学生在这三门学科中都能运用的智力能力，并培养其在毕业后习得对广泛的职业生涯和活动有用的技能。这个学位的创立基于这样一个理念：相关学科的并行学习显著地提高了学生对每门学科的理解，并带来额外的理解维度和视角。正如所期望的那样，针对学生的问卷调查也显示，"以更好的方式让学生走入社会并直接或间接地改变它，使它成为一个对所有人来说都更美好的地方"这一点正是吸引学生选择PPE的主要原因。[④]

在教学方式上，PPE仍然采取传统的牛津导师课方式进行教学。牛津大学重视荣誉本科课程，这些课程以导师的密切指导和学院住宿

① WHITE B, WAINWRIGHT S, SCHREITER L. One hundred years of PPE 1920—2020[EB/OL].[2022-05-05].https://www.humanities.ox.ac.uk/files/ppe100yearsre-portpdf.

② WHITE B, WAINWRIGHT S, SCHREITER L. One hundred years of PPE 1920—2020[EB/OL].[2022-05-05].https://www.humanities.ox.ac.uk/files/ppe100yearsre-portpdf.

③ CHESTER N. Economics, politics and social studies in Oxford, 1900—85[M]. London: The Macmillan Press LTD, 1986: 169.

④ WHITE B, WAINWRIGHT S, SCHREITER L. One hundred years of PPE 1920—2020[EB/OL].[2022-05-05].https://www.humanities.ox.ac.uk/files/ppe100yearsre-portpdf.

制度为特征。①牛津大学的本科生通过讲座、班级课程和导师课这些方式进行学习，其中导师课扮演着特别重要的角色。PPE学生通常每门课就涵盖八个小时的导师课，每周有六到八次讲座和两次导师辅导课（或一次导师辅导课和一堂班级课），二、三年级的学生大约九成的时间都用于独立学习。

参加导师课前，学生须完成导师安排好的阅读内容和所要求的所有书面工作。对于导师辅导课的论文的写作至少需要三天时间，具体事项包括图书资料搜索、阅读、思考和写作。在对大量相关内容进行深度阅读后，学生需理清自己的思路，并构思好自己的文章结构以展开论述，需注意的是，论文需要重点陈述自己的观点，而不是对所读信息的简单罗列和组合。

导师课上，导师会给予每周至少一小时的学术一对一指导，并布置下次的阅读书目。辅导课以对话为主，导师往往会鼓励学生分享自己的想法，或者与其他同学一起讨论，学生一般不在导师辅导课上记笔记，因为辅导课既不是讲座的替代品，也不是用来灌输知识的，而是培养学生连贯的语言表达和独立思考的能力，并帮助学生答疑解惑的。不过，在辅导课结束后，学生有必要专门花时间把课上讨论的内容记录下来。所有导师辅导课的书面作业都会得到导师的书面或口头评论。值得注意的是，导师的指导风格并不千篇一律，因每次参与导师课的学生人数、阅读主题，特别是导师的习惯和个性而异。

---

① CHESTER N. Economics, politics and social studies in Oxford, 1900—85［M］. London：The Macmillan Press LTD，1986：165.

第二节 吴文藻与燕京大学导师制

燕京大学试办英国式的导师制教学离不开吴文藻先生。吴文藻于 1901 年出生在江苏江阴,1923 年赴美留学,1925 年获达特默思学院学士学位后,考入哥伦比亚大学,1928 年获得该校社会学博士学位。1929 年,吴文藻回国并开始在燕京大学任教。从 1929 年春到 1938 年夏,吴文藻在燕京大学工作了将近十年时间。在这十年中,他开展社会学、人类学等研究,尤其是他为社会学中国化所做的努力为众人所熟知。在燕京大学工作期间,吴文藻还大力推行牛津大学导师制,提倡通才教育,为跨学科人才的培养付出了不少心血。"可以说,在系内推行导师制是他对社会学系的独特贡献之一。"[1]

一、燕京大学实施导师制的原因

民国早期其实就已出现了导师制的雏形,如 20 世纪 20 年代初在金陵女子大学和清华学校等大学出现的用以指导学生学业及生活的"顾问制度",[2]以及后来的大夏大学导师制,但其并非出于培养交叉学科复合人才的目的,而在于改善师生关系,改变师生如路人的状况。与以上三所大学不同,燕京大学在 20 世纪 30 年代末推行的导师制效

---

[1] 陈远.燕京大学 1919—1952[M].杭州:浙江人民出版社,2013:124.
[2] 邱椿.导师制的历史背景之检讨[J].战时知识,1938(6/7):10-11.

仿的是牛津大学,其学习牛津大学从20世纪20年代起推行的"Modern Greats"课程的经验,目的主要在于培养跨学科的人才。

燕京大学实施导师制离不开吴文藻的努力。吴文藻当时是燕京大学的社会学系主任,其推行导师制首先与他的留美经历有关。吴文藻曾在其自传中指出,留美的学习经验对他的教育理念有所影响,如美国当时流行的通才教育做法值得适当参考。他认为,有博有专、先博后专,在广博的基础上进而求精求专,以"博"为"专"服务的通才教育做法值得借鉴。这一点为他后来在燕京大学推行导师制埋下了伏笔。

不过,推行导师制最主要的原因在于吴文藻对社会学中国化的追求,具体表现在四个方面。第一是燕京大学社会学系的部分师资希望改进各科系的教学与研究水平从而与国际同步;第二是燕京大学在社会实践过程中发现极度缺乏社会科学方面的通才;第三是出于社会科学学科本身的需要,因为社会科学整合性较高,各学科宜综合,不宜分工太细,否则既不利于提高教研水平,也很难培养出综合素质高的社会科学人才,所以社会科学综合课程的开设必须尽快提上日程;第四是实施导师制还能帮助燕京大学争取到英庚款的资金资助。①

为了实现民族学和社会学的中国化,吴文藻一直在做不懈的努力,主要有三方面的工作,培养出能根据中国国情,开展独立研究的科学人才是其中一项极其重要的工作。②民族学和社会学要真正中国化,还必须有具有中国特有研究风格的"独立的科学人才"。吴文藻对

---

① 张玮瑛,王百强,钱辛波.燕京大学史稿[M].北京:人民中国出版社,2000:351.
② 吴文藻.功能派社会人类学的由来与现状[J].民族学研究集刊,1936(1):123-124.

此尤为重视,他把大量精力和心思花在培养民族学和社会学的专业人才上。他不仅注重在教学中采取各种方法使学生掌握更多扎实的基础知识,还注重培养学生独立进行科学研究的能力。1935—1936年,吴文藻给本科三、四年级的学生和研究生以讨论班的方式开设了"先秦社会政治思想"及"近现代社会政治思想"两门课程。前者以梁启超的《先秦政治思想史》为范围,后者以《清代学术概论》为范围。吴文藻先让学生在这两个范围内自选某一专题进行准备,撰写专题讨论的文章,然后进行个别的指导,最后让他们在讨论班上各自进行宣读和交流。结果证明,这种方法能发掘学生内在的特长,锻炼他们从事专题研究的能力。①

受讨论班的启发,吴文藻希望把英国的牛津大学导师制引入中国大学,希冀对一些成绩比较突出的本科学生进行重点培养,以保证人才培养的连续性。②1937年春,吴文藻"还曾亲自到牛津大学了解该校导师制的做法",并与时任牛津大学副校长和贝利奥尔学院院长的林赛博士协商,请他帮助燕京大学社会学系推行社会科学荣誉学位导师制,即:从大学本科三、四年级学生中挑选成绩优秀的学生予以个别指导,毕业后授予荣誉学位。③

对于燕京大学的导师人选,吴文藻"同牛津大学副校长林赛联系,由他派了他的儿子林迈可(Michael Lindsay)和戴德华(George Edward

---

① 吴文藻.吴文藻自传[J].晋阳学刊,1982(6):47.

② 施琳.西学东渐,拓业名师:吴文藻先生传略[J].中国民族,2008(3):51.

③ 吴文藻.吴文藻自传[J].晋阳学刊,1982(6):49-50.

Taylol)来燕京法学院讲课和个别指导学生"①。不仅如此,林赛还帮助燕京大学成功申请到了总部设在伦敦的大学中国委员会(University China Committee)的资金来赞助导师制的实施。

二、燕京大学导师制的实施概况

如前所述,由美国教会在中国创办的私立综合大学燕京大学成立于1919年,其社会学系曾在1937—1941年效仿英国牛津大学试行过英国牛津剑桥式的导师制。

1937年6月,吴文藻结束牛津大学的考察,返回燕京大学后即开办了一期导师制试教班。燕京大学的导师制相关事宜由燕京大学导师制顾问委员会全权负责,校委会指定吴文藻、林迈可和戴德华为其成员,其中吴文藻为负责人,林迈可和戴德华为专职导师,同时三人都亲任导师。三者都与导师制教学颇有渊源。吴文藻早在20世纪30年代初中期就以习明纳,即小范围集体讨论的方式,对社会学系高年级学生进行过授课,戴德华曾在英国伯明翰大学接受过导师制教育,林迈可则在牛津大学贝利奥尔学院专修"Modern Greats"课程,并在剑桥大学三一学院获得经济学硕士学位,可以说是熟谙牛津大学和剑桥大学的导师制做法。

1938年上半年,燕京大学社会学系利用九万元(法币)庚子退款,效仿英国牛津大学,试行导师制。当时,学校从法学院选拔了八名优秀学生,分别由四位导师(林迈可、戴德华、王聿修、陈其田)个别指导,

---

① 吴文藻.吴文藻自传[J].晋阳学刊,1982(6):47.

并定期谈话，注重让学生定期总结学习收获，写书面报告。[1]1938年下半年，燕京大学效仿英国牛津大学的导师制，开始正式推行导师制，旨在提倡导师与学生双向互动，并侧重对学生跨学科自主学习的指导。其主要做法是推行社会科学荣誉课程，因该课程同牛津大学的"Modern Greats"课程类似，故学生戏称其为"Modern Greats"，正式名称则是社会科学荣誉学位，是指综合多种学科的社会科学课程，同样既是一个学系课程，又是一种荣誉学位的代称。

燕京大学导师制的特点是打破原有的学科壁垒，首先在法学院的社会、政治、经济这三个系中取消学分制，由导师给学生指定主要参考书目，让学生定期总结学习收获，写书面报告，并定期与导师个别谈话，参加小组讨论。对于学习成绩优秀的学生，毕业时发放荣誉证书。[2]其次是从二年级学生中选拔优秀的学生参加导师制的教学，其中包括37学年的二年级学生李臻、李效黎等八人和38学年的二年级学生黄金环、朱奇武等八名学生，这些学生分别由林迈可等四位导师指导，具体情况如表5-1所示。

表5-1　燕京大学导师制班社会科学荣誉课程及导师情况

课　　程	37年试教班	38年录取班	39年录取班	41年录取班
科学方法（含哲学与逻辑）		林迈可	林迈可	

---

① 傅愫冬.燕京大学社会学系三十年[J].咸宁师专学报,1990(3):80.

② 傅愫冬.燕京大学社会学系三十年[J].社会,1982(4):45.

续　表

课　程	37年试教班	38年录取班	39年录取班	41年录取班
伦理学与政治学（含政治思想）		王聿修	张佛泉	张佛泉
社会与政治制度		王聿修	王聿修	
中国社会制度	吴文藻			
欧洲近代史（含文化史和经济史）	戴德华	戴德华	Hope Johnson	Hope Johnson
经济学原理（含宏观理论、货币论、对外贸易等）	林迈可	林迈可	林迈可	林迈可
财政与金融			胡继瑗	
中国经济思想史			陈其田	陈其田
中国经济组织		陈其田	陈其田	
微积分（补习课程）				林迈可
英语（补习课程）			S.Duncan	

注：表格来源于张玮瑛,王百强,钱辛波.燕京大学史稿[M].北京:人民中国出版社,2000:354。

　　燕京大学为导师制班开设了"中国社会制度"等九门综合课程,具体为"科学方法(含哲学与逻辑)""伦理学与政治学(含政治思想)""政治与社会制度""中国社会制度""欧洲近代史(含文化史和经济史)""经济学原理(含宏观理论、货币论、对外贸易等)""财政与金融""中国经济思想史""中国经济组织"。每门课程都包罗万象,涵盖多个学科。

如"经济学原理"，它不仅涉及宏观理论、货币论、对外贸易，还涉及经济分析以及制度经济学和计划经济。又如"欧洲近代史"，它包含文化史和经济史。这九门课程分为两年学习，每年四至五门。除指定一些必读书目和参考书目之外，导师也鼓励学生自己课外广泛涉猎相关书籍。由于进入导师班学习的学生需要广泛阅读中英文相关书籍，因此学校对学生的英语水平要求甚高，如要求学生每小时至少能看完五十页英文书。

与牛津大学的导师制教学类似，课堂讲授并不是燕京大学导师制教学的重点，授课不用"先生讲学生听"的办法，提倡学生进行独立思考和研究，导师班的学生平时不用去教室上课。一般来讲，他们的学习、思想和生活方面由导师全权负责，不过导师会将重点放在指导学生阅读方面。一般情况下，在导师列出某一课程的每周必读书单后，学生会先自学，然后参加学习讨论会，并定期接受导师的个别指导，最后总结阅读讨论的学习收获，并撰写相关书面报告。燕京大学导师对学生的指导分为个人指导和集体讨论两种：前者是耳提面命、传道解惑，并要求学生每隔一段时间撰写相关的读书报告，报告写好后再在导师指定的时间去参加学习讨论会，师生一起对学生写好的读书报告进行讨论和意见交换，学生也可以根据自己的学习需求，带上自己阅读写作中的问题去跟导师约时间并请求指导；后者是集思广益、鼓励创新，每两周把全组的人集合起来进行讨论交流，学生相互提出问题，并提出自己的不同见解来交流，最后导师对每名学生的问题和回答一一加以分析和评论。这两种方式可以促使学生理性思辨、启迪智慧。同时，这种相互辩难的交流讨论也有助于导师对学生对所学内容的理解程度进行判断,并依此因材施教,从而提高学生独立思考和开展研究的能力。

三、燕京大学的导师制实施成效

燕京大学导师制虽实施时间不长,却在1938—1941年陆续举办了三个导师制班级,前后选拔了二十九名学生进入导师制班级,培养出了一大批杰出的社会学人才。这与吴文藻深谙牛津大学导师制教学精髓有着密切的关系。吴文藻曾亲任费孝通的导师,对其影响颇深,同时,又因为燕京大学社会学系所实施的导师制教学只是针对一部分优秀学生,规模较小,另外,聘请的导师又基本上曾亲炙导师制教学,所以说实施起来比较便利。

不过,可惜的是,导师师资和经费支持并不稳定。吴文藻"原想返国后在燕京大学试行牛津大学的导师制,并为实现他提出的社会学调查工作继续培养人才",①但因为1937年日军侵入北平,1938年秋他离开了燕京大学,去往云南大学筹建社会学系。1939年,他正准备制订全面发展计划推进导师制教学时,戴德华离开北京去了华盛顿任教,专任导师只剩林迈可一人。1940年又传出英庚款二年期满停止补助的消息,致使那一学年没有招录导师制班的新生。1941年恢复了导师制教学班级的招生,可惜好景不长,因为太平洋战争爆发,燕京大学关门,导师制被迫终止。②

---

① 费孝通.开风气 育人才[J].北京大学学报(哲学社会科学版),1996,33(1):17.
② 张玮瑛,王百强,钱辛波.燕京大学史稿[M].北京:人民中国出版社,2000:356.

第三节 小 结

　　牛津大学的哲学、政治学、经济学荣誉学位导师制因其人才培养的优良效果，影响遍及海内外。为了革除社会学系人才跨学科素养不足的弊端，燕京大学决定效仿牛津大学实施导师制。由于前期有吴文藻亲赴牛津大学对导师制的详尽实地考察做基础，并获得了牛津大学副校长的支持，从而使燕京大学拥有了曾亲炙牛津剑桥导师制教学的林迈可、戴德华等优良师资，得到了充足的经费，加上实施的细则完备、规模又较小，主要是在燕京大学社会学系内推行，能接受导师制教学的也只是一部分优秀学生，其实施效果较好。可惜受日本侵华战争的影响，燕京大学的导师制仅仅维持了四年，但依然可以说其是对英国牛津大学社会科学荣誉学位导师制的一种较全面的学习和仿效，其对跨学科人才培养的导师制探索和实践依然给我们当代跨学科人才的培养提供了不少启迪。

第六章

哈佛的引入：国立浙江大学对哈佛
大学导师制的引进与改良

自1930年第二次全国教育会议上提出"试行导师制"后,虽然全国各大学基本上都有学生宿舍,但除了几所有名的私立大学,似乎很少有大学意识到住宿的群体生活是学生大学中最重要的教育之一,师生如路人的情况自然并未有大的好转。1933年,就导师制在大学中实施的困难,孟宪承感叹说:"现在大学教授中间,最幸运的忙于研究发明,最不幸运的忙于兼职兼课,谁肯来做这劳而无功的导师? 可是,编者不相信3200位大学专任教员之中,竟找不出几个有心的青年指导者。……在公私立各大学许多贤明的校长之中,谁先把这个实验做得成功,谁会在中国大学教育史上留下一个光荣的记录。"[1]

　　国立浙江大学在导师制的实践中的确是留下了一个"光荣的记录",虽然就导师制开始实施的时间而论,国立浙江大学略晚于大夏大学,但其"指导思想、导师体系等均较为完备且富于特色,堪称民国高校施行导师制的典范,而这一切都要归功于国立浙江大学校长竺可桢

---

①　孟宪承.大学教育[M].上海:华东师范大学出版社,2010:67-68.

的不懈努力"①。

竺可桢对哈佛大学导师制的引进与实践

竺可桢1890年出生于浙江绍兴,1910年考取第二批"庚款生"赴美留学,1913年获伊利诺伊大学学士学位后考入哈佛大学,1918年获得该校博士学位。竺可桢在哈佛大学求学期间,洛厄尔已接任哈佛大学校长一职。洛厄尔继艾略特之后通过改革选课制、推出总考(the general examination)制度、推行导师制等举措,不仅使哈佛大学的教学质量,特别是本科教学质量获得了极大提升,而且让学生明白了追求学术卓越的价值与意义,从而使哈佛大学很快成为一个教师热爱教学、学生追求卓越的高等学府。②

竺可桢后来多次指出,在他的办学理念中,艾略特和洛厄尔对他产生了极大的影响。前者是因为大学的选课制③,后者则是因为导师制。竺可桢说:"1916年罗威尔(笔者注:竺可桢将'洛厄尔'译作'罗威尔')开美国各大学风气之先,在哈佛大学实行导师制,又令文科学生对于社会科学须经过一种普通考试(笔者注:竺可桢将'总考'译作'普

---

① 刘振宇.论民国时期高校导师制的施行[J].高教探索,2012(6):96.

② MORISON S E. Three centuries of Harvard,1636—1936[M]. Cambridge,Mass.: Harvard University Press,1994:440.

③ 刘正伟,卢美艳.竺可桢对哈佛大学校长艾略特大学理念的接受与改造[J].高等教育研究,2018,39(9):83—92.

通考试'）。这种导师制和普通考试的办法,对于提高学生程度有不少功效。"①竺可桢说："我回国以后在大学里教书,或是办行政……常把哈佛大学作为我的标准,哈佛大学便成为我的偶像。"②

"对于哈佛大学的制度,我是亦步亦趋尽力采用,如导师制即其一例"③,竺可桢在哈佛大学读书时就曾了解到导师制教学的益处。他的"电流过气体"课程的老师西奥多·莱曼（Theodore Layman）教授是诺贝尔物理学奖获得者、剑桥大学著名教授约瑟夫·约翰·汤姆逊（Joseph John Thomson）的弟子④,其曾受益于剑桥大学的导师制,对导师制教学方法也比较熟悉。竺可桢在哈佛大学攻读博士学位时（1913—1918年）,校长洛厄尔针对当时哈佛大学选课制的弊端,推行了课程的集中与分配制度、总考制度和导师制三项改革。前两项改革促进了竞争,激励学生在专业学习上追求学术卓越;第三项改革则是对前两项改革的一种必要的补充,是自我教育的一种辅助手段。这些举措使哈佛大学的教学质量获得了极大提升,年轻学子争相报考哈佛大学。因此,上任伊始,竺可桢就积极引进哈佛大学校长洛厄尔的导师制理念。

20世纪30年代前期,国立浙江大学经过蒋梦麟、邵裴子、程天放等校长的不懈努力,从仅有的工、农两个学院扩充为文理、工、农三个学院,并通过管理体制的改造实现了全校的行政统一,初步建立起了

① 竺可桢.美国哈佛大学三百周年纪念感言[J].国立浙江大学日刊,1936（17）:68.
② 竺可桢.竺可桢全集:第3卷[M].上海:上海科技教育出版社,2004:88.
③ 竺可桢.竺可桢全集:第3卷[M].上海:上海科技教育出版社,2004:89.
④ 竺可桢.竺可桢全集:第8卷[M].上海:上海科技教育出版社,2006:47.

现代大学体制,学校的发展呈现出欣欣向荣的气象。但是,随着国民政府大学教育方针的调整与价值取向的改变,尤其是教育部提出的"大学及专门教育,必须注重实用科学"①,国立浙江大学的办学方针及人才培养目标不得不做出相应调整:从20世纪30年代初确立的培养具有崇高的人格,注重"自治、自尊、自重"品格的"士流"人才转向培养实用人才。②1933年,郭任远校长上任后,一方面,遵照部章,对学校的办学理念进行重新定位,他虽然提出了"注重人才教育""注重学生人格之培养"等理念,但重心在"注重造就各种实用人才",所谓"浙大以后的工作,也应以能使浙江省得到实际的利益为原则"③。另一方面,他又严格奉部令,对学生实行军事化管理,"凡本大学学生,一律应用军事管理;同时特设一年级主任一人,专事一年级教训事宜,力图养成学生生活军队化、行动纪律化、精神集团化"④,这引起了学生的不满,并最终引发了学校风潮。

1936年4月,竺可桢接任国立浙江大学校长,同时也面临着窘迫的财政状况、复杂的人事危机,以及不正的学风等重重困难。作为一位抱着"浙省文化近来退化殊甚,需一大学为中流砥柱"理想的校长⑤,

---

① 宋恩荣,章咸.中华民国教育法规选编[M].修订版.南京:江苏教育出版社,2005:36.
② 邵裴子.十九年度第一学期开始院长讲话纪要[J].国立浙江大学校刊,1930(25):318.
③ 郭任远.郭校长答词[J].国立浙江大学校刊,1933(131):1392.
④ 国立浙江大学.国立浙江大学要览:二十四年度[M].杭州:国立浙江大学,1935:6-7.
⑤ 竺可桢.竺可桢全集:第6卷[M].上海:上海科技教育出版社,2005:35.

竺可桢上任伊始就阐明,教育的目的"不但是在改进个人,还要能影响于社会;求学,应不仅在科目本身,而且要训练如何能正确地训练自己的思想"①;同时,个人要服务国家和社会,而不在享受。竺可桢赞同这样的理念,大学是养成一国领袖人才的地方②:"不可不勉为绩学之'士',不可不勉有'君子'之风。"③因而,大学教育应该德育和智育并重,同时注重陶冶人的品性人格。竺可桢指出,国立浙江大学作为一所国立大学,不应该仅仅为浙江一省服务,而应该和中央各部院、省政府、市政府通力合作,积极服务,以免闭门造车之弊。

竺可桢指出,当时国立浙江大学存在着种种问题,其中最突出的问题表现在教学方面:教而不训,"教师在校上课,退了讲堂以后,就与学生分手不见面";学生修满一百二十学分就能毕业,学分制过于机械,教员与学生平时很少接触;等等。如前所述,竺可桢出任国立浙江大学校长以后,对当时国立浙江大学的状况极为不满。他认为,哈佛大学导师制要求教师"有指导学生行为之任务"的做法十分值得国立浙江大学借鉴④。在训育方面,他在追溯母校哈佛大学的发展经验时指出:"从哈佛大学历年校长报告,我们可以晓得该校行了导师制后,学生成绩比前优越。至于训育方面,行导师制更易见效。"⑤因此,竺可桢决定引进哈佛大学的"导师制",深化学校的教学改革。其实早在

① 竺可桢.竺可桢全集:第2卷[M].上海:上海科技教育出版社,2004:384.
② 竺可桢.竺可桢全集:第2卷[M].上海:上海科技教育出版社,2004:350-352.
③ 郑晓沧.大学教育的两种理想[J].国立浙江大学日刊,1936(27):108.
④ 竺可桢.竺可桢全集:第6卷[M].上海:上海科技教育出版社,2005:67.
⑤ 竺可桢.竺校长答词[J].国立浙江大学校刊,1936(250):2844.

1934年，在郭任远担任校长期间，国立浙江大学曾有过导师制的探索。①其时，为了改革农学院，郭任远校长曾试行并推出过导师制度。当时导师的主要任务是对农学院的三、四年级学生的选课进行指导，"各系学生，须先择定正副组，作为选修学程之范围。其在正副组内所修选学程之质量，须视各该组课程表内置规定及主管教授之意见而定"②，这实质上类似于早期的学业顾问。

后来，竺可桢在日记中详细阐述了国立浙江大学实施导师制的缘由：第一，自从我国创设学校以来的三十年当中，"有个最大缺点，就是学校并没有顾到学生品格的修养，其上焉者，教师传授他们的学问即算了事；下焉者，则以授课为营业"。第二，教育部要求将训育与教育相融合，主张"训教合一"已有两三年，但是能实行"训教合一"或导师制的还没有，因为学生与教员很难有接触的机会。第三，实行导师制是"为了要每个大学生明了他的责任"。国家花费这么多钱来培植大学生，希望他们"将来能做社会上的领袖。在这困难严重的时候，我们更希望有百折不挠、坚强果敢的大学生，来领导民众，做社会的砥柱"。③

竺可桢认为，大学教育的目标，是培养能担当大任、主持风会、转移国运的领袖人才。因此，实施导师制不应仅仅局限于课程指导，甚至也不应仅仅局限于改善师生关系，而应"本训教合一之精神，提高学

① 佚名.本校实施导师制概况[J].国立浙江大学校刊,1938(4):3.
② 国立浙江大学.国立浙江大学要览：二十四年度[M].杭州：国立浙江大学，1935:69.
③ 竺可桢.竺可桢全集：第2卷[M].上海：上海科技教育出版社,2004:441.

术兴趣,辅导课外活动,以培养高尚道德"[1]。1936年,竺可桢继任国立
浙江大学校长后,对于"教师在校上课,退了讲堂以后,就与学生分手
不见面"的教而不训现象极为不满,并认为推行导师制比较有效。

竺可桢并没有盲目地复制哈佛大学导师制,而是根据学校的实际
情况对导师制进行了调整和改进。国立浙江大学的导师制探索主要
分为两个阶段。第一阶段是1936年4月至1938年2月,即导师制的摸
索和试行阶段。在1936年的摸索阶段,国立浙江大学主要通过规定
集体用餐和为学生提供学习生活服务来达到帮助学生"认识个性、培
养兴趣和提高理想"的目的;1937年在西天目山校区试行时,主要"冀
各教授于授业解惑之余,对学生之思想行为,更予以适当之指导,而师
生之间关系,亦可更臻密切"[2]。第二阶段是1938年3月至1946年7
月,即导师制的全面展开与逐步完善阶段。在广西宜山,国立浙江大
学全面施行导师制,一方面继续深化课程及教学改革,以培养"专精与
博通"的人才,另一方面更侧重对学生的人格熏陶以培养领袖人才。
1939年,尽管国立浙江大学遵照教育部训令,成立了训导处,但依然本
着哈佛大学的导师制理念努力探索与实践,导师工作已被细化为德智
体三个方面。随着诸多改革措施的不断实施和开展,国立浙江大学的
导师制逐步完善。譬如,竺可桢采纳了费巩教授的建议——导师从由
学校指派改为自选,每名导师带的学生规定数减少,师生见面须预约
时间,每学期见七八次,每次二三人,每逢星期日接见几组。同时,竺

---

[1] 佚名.训育委员会第一次会议记录[J].国立浙江大学日刊,1936(27):105-106.
[2] 佚名.本校实施导师制概况[J].国立浙江大学校刊,1938(4):3.

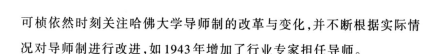

可桢依然时刻关注哈佛大学导师制的改革与变化,并不断根据实际情况对导师制进行改进,如1943年增加了行业专家担任导师。

一、导师制的试行

1936年5月,竺可桢在第一次校务会议上就表示要撤销"军事管理处"和"一年级主任室",另设立训育委员会,并决定实施导师制:"本校纠正现行教育之偏于智识传授,而忽于道德指导,并为积极训导学生增进师生间之感情起见,自二十五年度起即实施导师制。"①严格地讲,当时实施的导师制条件还不完全具备,内容也不尽完善,称为"指导制"更准确些。彼时的导师制主要是安排系主任等教师担任各系各年级学生的导师,工作包括了解学生学业和家庭情况,推荐阅读书籍,增加师生互动,安排全体学生定时集体用餐,等等,帮助学生"认识个性、培养兴趣和提高理想"②。

1937年7月7日,抗日战争全面爆发,处于东南沿海的杭州岌岌可危,国立浙江大学决定把一年级新生迁往临安西天目山。此地虽办学条件简陋,却能躲避战乱,环境幽静,能满足实施导师制的宿舍集中、师生同住等要求,竺可桢遂正式试行酝酿许久的导师制。竺可桢说:"天目山是个小地方,诸位老师和同学统在一处,导师制的实行,就没有十分的困难。"竺可桢曾自述实施导师制的初衷:"冀各教授于授业解惑之余,对学生之思想行为,更予以适当之指导,而师生之间关系,

---

① 佚名.本校推进导师制:历次导师会议经过志要[J].国立浙江大学校刊, 1938(3):3.

② 佚名.训育委员会第二次会议记录[J].国立浙江大学日刊,1936(27):106-107.

亦可更臻密切。"1937年10月,竺可桢在日记中记述导师制的基本方法:"(十一月上旬)抵建德后行导师制,并对实施细则进一步细化:三、四年级以系主任为导师,二年级则另行选择。"[①]不久,他又在日记中记下了导师制实施初期的状况:"此间导师制制度实行以来尚称顺手,学生既觉有一师长时可问询,而老师亦有数青年为友不致寂寞,天目山实为导师制之理想地点。"[②]

二、哈佛大学校长洛厄尔的导师制改革

竺可桢之所以决定效仿美国哈佛大学在国立浙江大学推行导师制,首先是期望学生在课程选择、学业成绩及品德修行方面可以在导师的指导下得到了更大的改善,因为"从哈佛大学历年校长报告,我们可以晓得该校行了导师制后,学生成绩比前优越"。值得注意的是,不同于牛津大学和剑桥大学的导师制,哈佛大学的导师制与其说是一种教学方法,不如说是一种教学辅助制度。在艾略特校长任期后期,选课制的弊端逐渐暴露出来。洛厄尔主要针对选课制的弊端,推行了课程的集中与分配制度、总考制度和导师制三项改革。

因为选课制在一定程度上削弱了课程应有的竞争性功能,而实施课程的集中与分配制度及总考制度,旨在恢复课程的竞争性功能,从而激励学生在专业学习上追求卓越。课程的集中与分配制度类似于后来的主辅修制度;总考则是毕业前的一种综合考试,综合考察学生

---

① 竺可桢.竺可桢全集:第6卷[M].上海:上海科技教育出版社,2005:389-390.
② 竺可桢.竺可桢全集:第6卷[M].上海:上海科技教育出版社,2005:389-390

的学习能力和学识素养，一般而言，难度较高，没有导师的指导和帮助很难通过。因此，导师制是对以上两项改革的一种自然而必要的补充，是自我教育的一种辅助手段。导师的主要职责是帮助学生对所学课程进行梳理和整合，以使其所学知识保持一定的相关性；同时，向学生推荐大量课外读物来拓展知识，从而引导学生获得真正的学业成就。①

选课制，由艾略特校长创设施行，它曾赋予学生选择课程及学习的充分自由，重建了哈佛大学的自由民主传统。②但是，在艾略特校长任期后期，由于学生大多沉湎于追求所谓个性化定制的课程，学习作为连接人与人之间关系的纽带的功能及团结精神逐渐削弱、萎缩；正如时人所指出的，选课制赋予学生自由，却被学生拿来蔑视民主、怀疑进步，一些富有的学生甚至住到别处，组建小团体，哈佛的民主精神被削弱了③。概言之，至此，选课制的弊端逐渐显现：管理涣散，最主要的问题是没有确保对个人进行任何系统化教育，不利于学业竞争的产生。④总之，20世纪初的哈佛大学弥漫着反智主义迷雾，很多学生只求达到最低学业标准。

在这样的形势下，选课制改革势在必行。1909年，洛厄尔在就职

① YEOMANS H A. Abbott Lawrence Lowell, 1856—1943[M]. Cambridge, Mass.: Harvard University Press, 1948: 144-156.
② 刘正伟, 卢美艳. 竺可桢对哈佛大学校长艾略特大学理念的接受与改造[J]. 高等教育研究, 2018, 39(9): 80-90.
③ BAILYN B, FLEMING D, HANDLIN O, et al. Glimpses of the Harvard past[M]. Cambridge, Mass.: Harvard University Press, 1986: 92.
④ YEOMANS H A. Abbott Lawrence Lowell, 1856—1943[M]. Cambridge, Mass.: Harvard University Press, 1948: 131.

演说中就曾经用"极端"抨击选课制，并阐述了他理想中的教育，即"学生门门博通、某门精通"。洛厄尔指出，当时哈佛大学学生在学习上存在着严重的问题：他们虽然拥有骄人的中学毕业成绩，并颇具才赋，但进入哈佛大学之后，仅把学业看作一项令人讨厌的、不得不做的任务，而在其他方面投入大量精力和热情。他下决心痛击学生中流行的"C是绅士的成绩"的口号（学生不求学术卓越，只求考试合格）。他警告学生，对平庸的满足是哈佛大学当时面临的最大危险。

有鉴于此，洛厄尔提出对选课制进行彻底整顿和改革。他认为，大学的目标之一应当是消除当今文明的缺陷，而不是成为其复制品。[①]为了恢复哈佛大学的传统，他决定向牛津大学荣誉学院学习。于是，他推行了课程的集中与分配制度、总考制度和导师制三项改革。

1910年，洛厄尔开始进行第一项改革，即实施课程的集中与分配制度。[②]它要求本科生的选课不能过于自由，而必须遵守以下原则：学生必须在某一领域修习足够多的课程，以获得优异的学业成绩，同时在选修其他课程时，必须在不同学科里加以广泛分配，以使学习不忽略任何主要分支领域。洛厄尔解释说，此项改革的目的是增加学生选课的系统性，促进其追求学术卓越。[③]

洛厄尔指出，美国教育最致命的缺陷是缺乏彻底性，其中未能保

① MORISON S E. Three centuries of Harvard, 1636—1936[M]. Cambridge, Mass.: Harvard University Press, 1994: 144.
② BAILYN B, FLEMING D, HANDLIN O, et al. Glimpses of the Harvard past [M]. Cambridge, Mass.: Harvard University Press, 1986: 92-93.
③ YEOMANS H A. Abbott Lawrence Lowell, 1856—1943[M]. Cambridge, Mass.: Harvard University Press, 1948: 132-133.

持严格的标准是导致这一缺陷的最重要的原因。他说："我们未能做到教育的彻底性，我们忘记了教育单位不是课程，而是学生。我们的衡量标准是学分，而不是学生的学识。所以我们需进行第二项改革，即实施总考制度。"总考不同于以往纯粹出于纪律需要，或出于学生没有做好相应功课而对其加以惩罚的考试，它要求学生在课程的集中与分配的基础上，通过广泛阅读相关书籍来查漏补缺，从而明了知识的系统性和相互关联性，进而养成自己的独立思考能力。因此，总考主要测试学生的素质和未来发展潜力。总考的推出在于使学生明白，所有真正的教育本质上是一种自我教育，课程学习、知识获得是通过个人努力不断艰难探索的过程，而不是被大学教师像推摇篮一样地推着，勉勉强强地做知识的搬运工。①在这个过程中，导师的指导不可或缺。洛厄尔解释说，如果期望学生多做课外阅读，希望他把课程学习作为手段而不是目的，希望他能把各科的知识融会贯通而不是生吞活剥简单填鸭的话，就必须为他提供超出课程范围的特别指导。因此，必须像英国的大学一样，为学生配备导师。导师的职责在于经常与学生交流课程及学习内容、推荐课外阅读的书目，以及辅导他们准备总考。于总考而言，导师制是一种合理和必要的补充。②洛厄尔认为，引导学生学会自我教育才是真正的教育，导师制正是基于这一指导思想产生的。

① YEOMANS H A. Abbott Lawrence Lowell, 1856—1943[M]. Cambridge, Mass.: Harvard University Press, 1948: 140-144.
② LOWELL A L. Reports of the president and the treasurer of Harvard College 1911—12[M]. Cambridge, Mass.: Harvard University Press, 1913: 11-13.

和此前在于提高学校学术水平和学术声誉的普林斯顿大学"指导教师制"和为高年级学生提供个别辅导的哈佛大学教师顾问制不同①,洛厄尔推行的导师制实质上是一种旨在改善学生的学业成绩和引导学生学会自我教育的指导教师制。不过,除了出于改革选课制、测试学生的自我教育水平的需要,他还有更深层次培养"整全之人"的考虑:加强学生的融合和心智训练,以培养其社会性。洛厄尔认为,这是大学教育之实质,大学应该让"来自不同地区、不同学校的学生能自然混合在一起,不受早期教育、生活区域和家庭财富的影响"②,大学生应该从踏进大学校门的那一天起就明白大学生活是一件严肃而丰富的事情,心智训练是其中的重要组成部分。因此,应该让新生统一住在宿舍,并在一起用餐,接受师长的熏陶。③为此,洛厄尔着力创建并推广实施包括学生休闲室、图书馆、游戏室、运动设施和员工公寓的"住宿学院"制度。不久,在耶鲁校友的慷慨捐赠下,这种精致而昂贵的"学院"制度得以实施。④

① YEOMANS H A. Abbott Lawrence Lowell, 1856—1943[M]. Cambridge, Mass.: Harvard University Press, 1948: 155.

② BAILYN B, FLEMING D, HANDLIN O, et al. Glimpses of the Harvard past [M]. Cambridge, Mass.: Harvard University Press, 1986: 112.

③ LOWELL A L. President Lowell's inaugural address[M]//MORISON S E. The development of Harvard University since the inauguration of president Eliot, 1869—1929. Cambridge, Mass.: Harvard University Press, 1930: lxxxvii.

④ 约翰·塞林.美国高等教育史[M].孙益,林伟,刘冬青,译.北京:北京大学出版社,2014:225.

三、导师制的改革与完善

竺可桢在引进和施行哈佛大学导师制时，完整地借鉴了洛厄尔的课程的集中与分配制度、总考制度和导师制举措，同时也吸收了中国书院的教育传统和经验。

20世纪30年代中期，中国的大学教育仅有课程而无标准，课程广杂而凌乱，可谓弊病丛生。正如时人所指出的那样，"各大学课程的缺点在于广杂凌乱，学生选课因学校无严密之规定和切实之指导往往贪多务远取巧等不依顺序，学分之计算往往茫无准则"①。然而，"大学之特殊功用既在为专门研究做一强有力的准备，各院系课程的范围便不得不有相当的广博"②。

针对国立浙江大学的现状，竺可桢从课程改革入手施行导师制。在理念上，竺可桢提出，国立浙江大学培养的学生应是"各方平均发展，使学生既得基本训练，又能各具专长，俾成全才"③。在具体措施上，对于机械的学分制，竺可桢建议参照哈佛大学的做法，即通过课程的分组制度及主辅系必修方法来保证学生学习知识的系统性，同时，通过严格的考试制度来促进学生追求学术荣誉，并辅以指导员制度："关于博通考试办法，偏重学术荣誉……人文学科中及自然科学中，以至少各选九学分为原则。……主系学分至少四十学分，辅系学分至少二十四学分。因个别需要，辅系科目，可不限于一系，但须各有关联，

① 谢循初.今日大学课程编制问题[J].安徽大学季刊,1936(1):3-14.
② 谢循初.今日大学课程编制问题[J].安徽大学季刊,1936(1):15-16.
③ 佚名.国立浙江大学第一次校务会议记录[J].国立浙江大学校刊,1936(250):2846.

经系主任与院长之认可。"①其中,文理学院进行了以下改革:改变学校先前的专精及系别制度,加大课程中选课的比例,"俾专精与博通,得一适中之调剂";为防止选课过于自由的种种流弊,增加了分组必修等补充规定;因大学课程科目繁多,为学生之学业修养,"可利用指导员之制度,增加师生联系,俾少隔阂"②。不难看出,以上三点改革举措直接借鉴了洛厄尔的课程的集中与分配制度、总考制度和导师制的做法,可谓哈佛大学导师制的翻版。在引进与实施哈佛大学导师制的过程中,竺可桢还积极邀请多位曾在洛厄尔任校长期间留学哈佛大学的教授参与具体事项的擘画、讨论及实施。其中,梅光迪教授提议:"宿舍可否集中? 每教授轮流住其中一周,与生共寝食,则于无形中,得以指正其容仪。"胡刚复教授建言:"指导学生,一年级者仍照原定不分系别之目标募集。至于三、四年级学生,可完全归系中指导,或由学生自择。"③李熙谋教授则提醒说,导师制训练之不同及侧重点差异会导致类似"美国大学生知识较广,而英国大学生眼光较远"的不同结果④,因而,他希望国立浙江大学在实施导师制时应注重让学生努力扩充普通知识。1938年,为推进导师制的实施,竺可桢聘任哈佛大学校友雷沛鸿为国立浙江大学的主任导师。⑤雷沛鸿上任后不久,就在全校师生前做了题为《导师制在哈佛大学三百年间之演化》的公开演讲。他在

① 佚名.第三次校务会议记录[J].国立浙江大学校刊,1936(254):2923.

② 佚名.文理学院第一次院务会议记录[J].国立浙江大学日刊,1938(98):389.

③ 国立浙江大学.文理学院举行第二次茶会记 曾热烈谈论本校训育改进事宜[J].国立浙江大学日刊,1937(160):638-640.

④ 佚名.本校于二月三日上午举行纪念周[J].国立浙江大学校刊,1941(80):1.

⑤ 佚名.本校实施导师制概况[J].国立浙江大学校刊,1938(4):3.

演讲中指出:"哈佛大学之有今日,导师制之功不可没。"①哈佛大学导师制的核心内容主要有四点:新生统一住宿制度、选课制的中心与联系、学生毕业前的总考制度,以及导师制之推行。

此后,在实施导师制过程中,这些建议大多被竺可桢采纳。如哈佛大学对一年级学生实行的集体住宿制度,以及"师生同住,指导学生行为于无形"的导师住宿制度②,竺可桢就极为欣赏并深表赞同。竺可桢认为,"美国一宿舍之内住宿各院学生俾多接触,相互得益",可以广泛地培养学生的社会性。"大学里有许多院别所学不同,而同学彼此接触既多知识自小能扩展,因为大学之大,不但有各方面的人才且亦不限于教室内的教授,便是日常生活谈话交际之际也是一种教育。一方面获得知识,另一方面学习怎样了解别人的观点,凡不能了解别人的人不能成大事。"③1939年初,竺可桢借鉴哈佛大学的做法,要求对一年级学生实行集体住宿制度,④同年10月,新学期开始时,因新建七幢宿舍,学生的住宿情况得到了改善,国立浙江大学在广西宜山正式实施导师住宿制度。竺可桢在日记中记载道:"三点程耀椿⑤〔来〕,余约其为住宿导师(residential tutor)。标营已有叔岳,若伯韩来可在该处为

---

① 佚名.导师制在哈佛大学三百年间之演化:雷宾南先生讲辞大意[J].国立浙江大学校刊,1939(9):1.

② LOWELL A L. At war with academic traditions in America[M]. Cambridge, Mass.: Harvard University Press, 1934:157-190.

③ 佚名.导师制在哈佛大学三百年间之演化:雷宾南先生讲辞大意[J].国立浙江大学校刊,1939(9):1.

④ 佚名.训育委员会会议纪要[J].国立浙江大学校刊,1939(9):2.

⑤ 程耀椿,时任国立浙江大学化工系教授。

主，而文庙则高尚志一人尚不足，故须以一教授为领袖。"①

从1936年创议实施"指导制"，到在西天目山、建德和泰和等地实施"导师制"，在"抗战事起，辗转迁动，设备未周"的形势下，国立浙江大学积极引进和实践哈佛大学导师制，并进行改造。竺可桢在借鉴哈佛大学导师制时，也不忘发扬中国传统书院制的经验，如要求导师以身作则，教训合一。他多次说："书院制的特点，就在于熏陶学生的品格。"②他希望发挥导师的熏陶作用，积极培植学生品格，致力培育具有百折不挠、求知更重修养精神的领袖人才。

1938年3月，教育部颁布了《中等以上学校导师制纲要》，并在全国大中学校正式实施与推广导师制。国立浙江大学按照教育部"训导合一"的规定和要求，开始在新的形势下探索和实施导师制。《中等以上学校导师制纲要》中提出："为矫正现行教育之偏于知识传授而忽于德育指导，以免除师生关系之日见疏远而渐趋于商业化起见，特参酌我国师儒训导旧制及英国牛津剑桥等大学办法，规定导师制，令中等以上学校遵行。"③并且，《中等以上学校导师制纲要》中指出，导师对于学生之思想、行为、学业及身心摄卫，均应体察个性，施以严密之训导，使得正常之发展，以养成健全之人格。此外，《中等以上学校导师制纲要》中还指出，虽然训导方式可不拘于一种，但导师对于学生之性行、思想、学业、身体状况各项，应依照格式详密记载，每月报告学校及学生家长一次。竺可桢虽然对教育部在中等以上学校实施导师制的要

---

① 竺可桢.竺可桢全集：第7卷[M].上海：上海科技教育出版社，2005：191.

② 竺可桢.竺可桢全集：第2卷[M].上海：上海科技教育出版社，2004：441.

③ 教育通讯周刊社.导师制问题[M].汉口：教育通讯周刊社，1940：96-97.

求表示肯定，但是对《中等以上学校导师制纲要》中的一些规定（如要对学生实施思想控制等）则持保留态度。竺可桢认为，对学生"思想不能统制"①。他强调的是导师以身作则式的人格感化与熏陶。实质上，他推崇的仍是哈佛大学洛厄尔的导师制。

1938年10月，国立浙江大学在西迁至广西宜山后，开始全面实施导师制。在总结前一阶段实施导师制的经验与教训的基础上，国立浙江大学按照教育部的相关规定，进一步完善实施细则，形成了较为完备的导师制实施方法，并进行全面推广。

一方面，国立浙江大学制定了更具体、更灵活的导师制实施办法。

1938年，竺可桢在日记中记载道："以后定每月之第二星期六开会一次，导师则与学生在标营聚餐一次……议决重新分配学生，以三、四年级归本系教授，以二年级归本系教授或有课之教员。"②同年12月，《国立浙江大学校刊》详细刊载了相关内容："（一）本学期开课后，各导师须每周至学生膳堂内与学生会餐一次，时间定在下午六时，以增彼此接触之机会，而资提高实施导师制之效能。（二）开课以后，各导师每月须集会一次，其时间暂定每月第二周之星期六。（三）各导师以前所领导学生中之不适于本人领导者，可即开一名单，送交校长办公室，以便改派。（四）每位导师领导学生之人数，暂以十六人为原则。（五）三、四年级学生以本系教授为导师。（六）一、二年级学生，分配时亦当注意其系别，其能归本系教授领导者，概归本系教授领导，否则即分配与其

① 竺可桢.竺可桢全集：第6卷[M].上海：上海科技教育出版社，2005：625.
② 竺可桢.竺可桢全集：第6卷[M].上海：上海科技教育出版社，2005：603-611.

选有课程之教授。"①此外，各导师还可根据需要，定期召集所指导的学生谈话或做郊游活动。②

另一方面，国立浙江大学进一步明确了导师的训导目标。

在1939年初召开的导师会议上，竺可桢明确阐述了导师制训导的目标，即其分为"学、服务、持躬接物"③三项，具体又分为"实事求是，探究真理""以学问贡献民族、利益人群为志节"等二十四目。④

1939年3月，教育部通令全国各大专院校，要求设立训导处，并派专人负责实施训导。国立浙江大学奉命成立训导处，并于同年9月任命姜琦为训导长。姜琦担任训导长后，将全校学生分为上智者、中材者和下愚者三类。他要求每位导师将自己所指导的学生的生活调查表按照上述分类方法填写，逐层上交审核后，对三类学生分别予以"奖励""听之任之""惩戒"的处置。至于导师的分配，姜琦要求一、二年级以教师授课表为根据；三、四年级则以系为本位。同时，姜琦还要求按导师人数对训导学生进行分组。姜琦根据教育部的规定提出，学生每组每周举行会谈一次，在每学期终了或毕业时节，应当主动向导师请求记分，否则便无从升级或毕业。他的这些做法引起了学生的不满，到1939年底国立浙江大学搬迁至贵州后，"姜见风势不对，于一九四

---

① 佚名.本校推进导师制：历次导师会议经过志要[J].国立浙江大学校刊，1938(3)：3.

② 佚名.要讯简报：蔡作屏先生导学生郊叙[J].国立浙江大学校刊，1939(4)：2.

③ 竺可桢.竺可桢全集：第7卷[M].上海：上海科技教育出版社，2005：29.

④ 张彬.倡言求是 培育英才：浙江大学校长竺可桢[M].济南：山东教育出版社，2004：121.

○年六月辞职离校"①。

即便是在这样的状况下，国立浙江大学也仍秉持着哈佛大学的导师制精神努力探索与实践。除遵照教育部的规定对学生进行训导之外，国立浙江大学还将导师的指导工作进一步细化为智育、德育、体育三个方面。在智育方面，主要对学生的课业程度、各科考试成绩、课外阅读习惯、假期计划等进行指导。在德育方面，主要对学生的态度、生活习惯、平素言论及表现之思想，用潜移默化之方式予以暗示、鼓励或指正；培养学生关切时事与急公好义之精神；鼓励学生的公共服务精神，提倡乐群互助；帮忙解决学生的困难，警告或督责成绩低劣不知自爱的学生。在体育方面，督促学生注意健康，适当运动。②

国立浙江大学在实施导师制过程中也曾遭遇过困难，尤其是师资困难。竺可桢曾指出："导师制之能否推行，全视乎导师之是否肯尽力，如专靠每两周一次之聚会，则难生效力也。"③师资困难主要来自两个方面：一是担任导师的教授或讲师本身上课时数长，而所指导的学生众多，一般在十人到二十人，以致甚少余暇一一分别予以训导；二是当时的教育以上堂听课为主，而不是以导师作业为主，以致师生关系甚难亲密，德育指导更难望有功效。④

"在讲堂为师生，出讲堂为路人。"竺可桢认为，这样的状况一定要

---

① 竺可桢.竺可桢全集：第4卷[M].上海：上海科技教育出版社，2004：167.

② 浙江大学龙泉分校.国立浙江大学浙东分校导师制实施办法大纲[A].浙江大学档案馆馆藏.档案号：ZD-1939-53-1-1893.

③ 竺可桢.竺可桢全集：第6卷[M].上海：上海科技教育出版社，2005：523.

④《费巩文集》编委会.费巩文集[M].杭州：浙江大学出版社，2005：471-472.

改变。为了切实推进导师制的实施,竺可桢与师生协商后决定,自1939年4月起"废止聚餐,以后由各导师分别召集所导学生个别谈话"。①竺可桢指出,"教而不育,即专重知识的传授而缺乏道德的修养",和一味灌输、轻视理智的训练一样,容易培养出易轻信他人与盲目从众的学生,而培养出这样学生的民族则有亡国的危险。因此,在实施导师制时,竺可桢十分重视对学生品格的培养。他要求导师"必须以身作则,言行合一",如是才能培养出"有真知灼见的人,无论社会如何腐化,政治如何不良,他必能独行其是。唯有求真心切,才能成为大仁大勇,肯为真理牺牲身家性命"②。

曾亲炙牛津大学导师制的费巩教授针对当时国立浙江大学导师制实施状况,专门撰文指出改进导师制的措施。费巩说:"进大学不以求得学识为满足且须学习待人接物处世为人之道,而'大公无私'有团体无小我等优良美德之养成尤为要图。"费巩指出,导师制对学生和教师的要求应该不同;对学生,"要同时学做人,学做大人。大学者,大人之学也。大人者,不自私自利之人也";对教师,"不仅要教学生技能知识,并且要教以为人立品之道",导师对学生必须诚恳关切,毫发无伪,语语自肺腑流出。③

竺可桢不仅积极采纳费巩的建议,甚至还打破教育部训导长须由国民党党员担任的相关规定,任用非国民党籍的费巩为训导长,并积极支持费巩对导师制的改革。1940年8月,费巩就任国立浙江大学训

---

① 佚名.要讯简报:蔡作屏先生导学生郊叙[J].国立浙江大学校刊,1939(4):62.

② 竺可桢.竺可桢全集:第2卷[M].上海:上海科技教育出版社,2004:640.

③ 费巩.费香曾先生讲"施行导师制我见"[J].国立浙江大学校刊,1940(51):1.

导长后，确立了"纪律要严，而待学生要厚；功课要紧，而思想不必干涉"的训导原则，并大力推进导师制改革。（1）训导方法：先召集全体导生，告以"治学治事、交友律己、待人处世及礼仪"等会谈主题及时间，并让每人各自填好一张表格。每周安排固定时间接见两组导生，轮流为之。"每人每隔两星期接见一次。"①（2）导师人选：一、二年级宜偏重人格修养，分配导生时，可不尽依系别，学校可在全校教授中征聘，尤以文科方面之教师为主。同时，应允许导师与学生双方皆有相当之选择自由。1941年国立浙江大学在遵义办学时，导师改由学生自选。三、四年级导师一般为本系教师，"偏重专业之研求。……任导师者，应代有以擘画，规定两年之内应看过之书，而为析成若干问题，令为有系统有计划之写读"②。为保证导师制的效果，教师必须视其担任导师为其义务之一，"故应先谋其功课之减轻"。在学生，"必须使之觉受教于导师，真有实益可得，故应先谋训导材料之充实"。

由于费巩的非国民党籍身份不合部章规定，1941年1月张其昀继任训导长③。张其昀依然贯彻以导师制为核心的训导制改革：以"教训合一"为宗旨，以为真好学必能深思，能深思必能养成优美之校风。④经过一系列调整以后，国立浙江大学导师制的实施更加切实，更富有针对性。导师亦由学校指派改为学生完全自选，每位导师所指导的学生规定不超过二十名，特别是师范学院，每位导师所指导的学生甚至

①《费巩文集》编委会.费巩文集[M].杭州：浙江大学出版社，2005：514-530.
②《费巩文集》编委会.费巩文集[M].杭州：浙江大学出版社，2005：473-474.
③竺可桢.竺可桢全集：第4卷[M].上海：上海科技教育出版社，2004：167.
④张其昀.浙大校风与训导方针[J].国立浙江大学校刊，1942（104）：2-3.

只有三四名。师生见面须预约时间，每学期见七八次，每次两三个人，每逢星期日接见几组。随着导师制改革的不断进行，国立浙江大学的导师制实施办法日臻完善。这从《国立浙江大学龙泉分校导师制施行细则》中可见一斑，具体如下。

国立浙江大学龙泉分校导师制施行细则

（1943年2月15日）

一、本分校遵照教育部之规定施行导师制，并依据部颁《中等以上学校导师制纲要》第十一条之规定，订立本细则。

二、本分校教授、副教授、讲师及各组主任均有担任导师之义务，由主任径聘之。必要时并得聘定一人为主任导师。

三、每届学期开始，教务组应将各系各年级注册学生名单开送训导组，以凭分组并支配导师。

四、训导组根据注册学生名单妥为分组，各组以五人至十五人为度。

五、每组导师之分配，以本系教授、副教授、讲师担任为原则，如因限于人数无法分配时得酌量变通，但以选有学程之教授、副教授或讲师为限。

六、训导组将导师、学生分组完后送请本校主任核定，后分函各导师，并通告全体学生知照。

七、训导组应将学生请假、奖惩及其他突发事情随时通知各该导师，以供施训时之参考。

八、教务组应将学生上一学期学业成绩或入学试验成绩

于开学之初,以及学程试验成绩于考试结束后一星期内通知训导导师,使知受训学生之学业概况,而施行适当之引导。

九、卫生室应将学生参加健康活动情形及体格检查的结果随时通知该组导师,以便予以适当之指导与纠正。

十、各组导师对于受训学生之思想行为、学业及身心摄卫事项,均应体察个性,施以严密之训导,并随时详细记叙于导师手册(由学校制备分发),俾使查考。

十一、各组导师对于受训学生之思想行为,应随时注意下列各点:

1. 注意受训学生平素之言论与其所表现之思想,如有偏激、浮薄、萎靡或悲观等倾向,用潜移默化之方式,予以暗示、鼓励或指正。

2. 鼓舞受训学生之国家观念、民族思想与抗战意识,培养其关切时事之习惯与急公好义之精神。

3. 鼓励受训学生之公共服务精神,指导其参加各项课外活动与自治组织。

4. 对于受训学生日常之礼貌、态度与生活习惯,予以适当之指示或纠正。

5. 注意受训学生之交友与待人接物之道,纠正其孤僻自囿之习惯,提倡乐群互动之精神。

6. 介绍受训学生关于砥砺德行,激发志气与正常政治意识之书籍,俾使阅读。

7. 对于受训学生之家庭状况,应调查明确,如有经济困难或其他问题者应予以同情安慰或鼓励，于可能范围内参与意见，以辅助其解决。

8. 对于受训学生之不知自爱，不守纪律者，与训导组取得联系，予以警告或督责其改正。

十二、各组导师对于受训学生之学业，应随时注意下列各点：

1. 留意受训学生之课业程度及其课外自修情形。

2. 查询受训学生关于各学科考试成绩，如有不及格功课，推究其原因并指导其补救办法。

3. 指示受训学生课业之外之自修工作，并提倡各生之适当课外阅读。

4. 指示受训学生假期作业之读物与计划。

十三、各组导师对于受训学生之身心摄卫，应随时注意下列各点：

1. 注意受训学生之健康状况。

2. 指导受训学生普遍平均参加运动，唯须注意各个体格之适应。

3. 对于受训学生之用功过度者，应劝其多运动、休息与做有益之娱乐。

4. 对于受训学生之体格较弱者，应指示其注意卫生、运动、休息与营养，以增进其健康。

十四、训导形式不拘一种。除个别训导随时举行之外，应充分利用课余及例假时间，集合全组举行谈话会、讨论会、远足会等作团体生活之指导。

十五、各组导师为取得训导组之联络并商讨各种实际问题，每月举行导师会议一次，由本分校主任为主席，主任有事不能出席时，由主任导师代理之，不设主任导师时，由训导主任代理之。

十六、凡导师对于所分配学生如有认为与其所习学科及志愿兴趣各不相谋，难于指导时，得于分配后两星期内向训导组要求调换他生，以资适应。

十七、凡学生对于所分配之导师，与其所习学科及志愿兴趣不相吻合时，得于分配后两星期内向训导组请求改换，但以一次为限。

十八、凡导师认为学生不堪训导时，当遵照《中等以上学校导师制纲要》第八条之规定，请求本分校主任准予退训，但此种请求须在受训后两个月以上，方可提出。

十九、凡经过受训之学生，得就本分校导师中自选一人受其训导，但选择时不得违背细则第五条所规定。

二十、凡导师在指导学生期间因事或因病请假在一个月以上者，须由导师本人自行委托其他导师（不限一人）代为指导，一面将应用表册交付被托导师代为应用，另一面用书面通知训导组备查。

廿一、导师对于受训学生之性行、思想、学业、身体状况各项，应予每学期结束时依照规定格式（由训导组拟定分发）造具报告，由训导组汇集整理，送交本分校主任查核后，呈本校校长,并酌量通知各学生家长。

廿二、各导师应与训导主任随时做密切之联络,以利训导之进行。

廿三、本细则经本分校校务会议通过后,呈请主任核准公布施行,修正时同。[①]

从以上实施细则可以看出,国立浙江大学不仅对导师指导的内容有明确翔实的规定,如"学生之思想、学业及身心摄卫事项,均应体察个性,施以严密之训导,并随时详细记叙于导师手册",而且对导师人选、师生互选、导师请假、各部门的分工协作、学校每月一次的导师会议等的保障与监管举措都有非常具体明了的说明,从而有力地保障了导师制的实施。

经过改革,导师制的实施效果大为提高。《国立浙江大学校刊》中曾这样描述导师制的实施情景:"籍于饮食言笑之间,寓潜移默化之旨,抑或利用星期,师生郊聚,问难析疑,亲切无间,以身作则,示之典范,实施以来,颇著成效。"[②]

国立浙江大学在实施导师制时,仍时刻关注哈佛大学导师制的改革与变化。1944年,张其昀去哈佛大学考察,其间,竺可桢一再叮嘱他道:"哈佛大学导师制现行办法及其效能,希望吾弟加以详细考查,以

---

① 许高渝,傅天珍.国立浙江大学龙泉分校史料[M].杭州:浙江大学出版社,2019:275-277.

② 佚名.本校实施导师制概况[J].国立浙江大学校刊,1938(4):3.

备日后之参考。"①同时,国立浙江大学注重根据实际情况不断对导师制进行改进,如1943年,工学院为学生聘请了无线电器材厂总经理、电厂厂长、遵义酒精厂厂长、水利勘测总队队长等行业专家担任导师。②

到1946年,"教部已通令各大学废除导师制"③,国立浙江大学也遵照部令停止实施导师制。但是,竺可桢对导师制依然念念不忘,甚至到了1948年,竺可桢仍然希望恢复导师制。他在日记中记载道:"杨④对训导主张从宽,以为导师制之应恢复,师生应有接触之机会。余亦甚赞同此说,希望其与晓峰(张其昀)一谈。"⑤

国立浙江大学的导师制前后实施近十年时间,在导师制实施过程中,由于教师多能以身作则,注重熏陶感化,极大地促进了学校优良学风的培养和浓厚科研氛围的形成。学生亦多争相选择自己心仪的导师,如:竺可桢本来不打算担任导师,但在1941年学生自选时,有七名学生选择了他,他还是愉快地接受了。竺可桢在当天的日记中写道:"今日接导生名单:马国钧……"⑥费巩则在日记中记录道:"欲以我为导师者达三十七人,殊嫌过多,然选者既志在上进,亦不忍拒之,因之完全收录。"⑦同时,费巩还记载了学生在他的教导下发生的变化,如

---

① 竺可桢.竺可桢全集:第24卷[M].上海:上海科技教育出版社,2013:353.
② 佚名.工学院与资委会合作研究专题[J].国立浙江大学校刊,1943(116):2.
③ 竺可桢.竺可桢全集:第24卷[M].上海:上海科技教育出版社,2013:426.
④ 杨耀德,时任国立浙江大学电机系教授。
⑤ 竺可桢.竺可桢全集:第11卷[M].上海:上海科技教育出版社,2006:145.
⑥ 竺可桢.竺可桢全集:第8卷[M].上海:上海科技教育出版社,2006:207.
⑦ 《费巩文集》编委会.费巩文集[M].杭州:浙江大学出版社,2005:584.

"颇感兴味,亦甚感动……不自觉其品德日进"①。导师对导生的生活、学习和工作等关怀备至的例子不胜枚举,如1944届的一名毕业生曾特别撰文感谢担任过其导师的陈嘉、费巩和梅光迪诸教授,并回忆了他们如何指导选课、帮助申请贷学金、关心学业,以及帮助联系转学、介绍工作等等。②《国立浙江大学师范学院院刊》也曾记载,在竺可桢校长的倡导下实施导师制,不仅使"师生接触较频,收效甚著",而且通过每学期导师辅导等活动,"于学生进德修业亦不无助益"③,甚至连外国留学生都对此赞不绝口。竺可桢在日记中记载道:"印度学生甘尚澎Kham来。渠留浙大一年,以导师谈家桢将去美故欲回国。余询以对本校之意见。渠以为此间(理院生物系)师生和洽、共同研究,与印度教授之奴视学生者不同。"④

国立浙江大学在实施导师制的过程中恰逢校址西迁,时局动荡,办学条件简陋,但因为导师制的实施,该校校风甚严,学生向学。早在1939年3月,国立浙江大学德文教师米协尔(Michael)就曾记载道:"敌人飞机肆扰我们,异常得厉害,以最后几周为尤甚,除了大雨,几乎日日必来……校长则仍留办公室中,有时走出巡行一周,秩序井然。在如斯情形之下,大学之结果圆满,似成疑问,但此绝无仅有,我曾见学生于此数周及其后的时日中,皆较为勤勉,倍守纪律和雅好攻读。"⑤

---

① 《费巩文集》编委会.费巩文集[M].杭州:浙江大学出版社,2005:542.
② 张旭渠.永远不会忘记:回忆在浙大学习时的几位老师[J].浙大校友通讯,1987(2):41-45.
③ 佚名.院务报告:训导[J].国立浙江大学师范学院院刊,1940,1(1):123.
④ 竺可桢.竺可桢全集:第9卷[M].上海:上海科技教育出版社,2006:198.
⑤ 米协尔.前进中之浙江大学[J].力行,译.国立浙江大学校刊,1939(15):4.

1945年，费巩在日记中记载道："浙大同学在綦（江）刻苦力行，不计功利，颇能受人重视。"[1]他指出，此类良好学风养成于四年前，即导师制实施第二阶段。事实证明，正是导师制等制度的实施改变了学校的学风，教师和学生的精神为之振起。在竺可桢担任校长的十三年间，国立浙江大学面貌焕然一新，声誉鹊起，共培养出了三千余名高级人才。并且，他们都成了社会"各界的领袖"。[2]不仅如此，在这一时期，国立浙江大学所取得的许多科学研究成果已经达到了国际先进水平。1944年，著名生物化学和科技史学家李约瑟（Joseph Needham）博士在实地考察了国立浙江大学之后，对国立浙江大学在艰苦条件下办学，尤其是学术氛围之浓、师生科研水平之高惊叹不已。他在著名杂志《自然》上发表专文称国立浙江大学为"中国最好的四所大学[3]之一"[4]。

第二节 费巩的导师制理念及其对国立浙江大学导师制的贡献

费巩，原名费福熊，字寒铁、香曾，江苏苏州人，民国时期政治学家，国立浙江大学教授。1926年费巩从复旦大学本科毕业，1929年考

---

① 《费巩文集》编委会.费巩文集[M].杭州：浙江大学出版社，2005：609.
② 张彬.倡言求是 培育英才：浙江大学校长竺可桢[M].济南：山东教育出版社，2004：326.
③ 指当时的国立西南联合大学、国立中央大学、国立武汉大学和国立浙江大学。
④ NEEDHAM J. Science in Kweichow and Kuangsi[J]. Nature，1945(156)：496.

入牛津大学,主攻政治经济学,1931年硕士毕业后回国。1933年秋,应复旦大学校友、国立浙江大学校长郭任远的邀请,费巩接受了国立浙江大学的聘书,担任政治经济学副教授(后被聘为教授)兼注册课主任。①从1933年到1945年,费巩在国立浙江大学任教了十二年。②他十分关心学生和校事,如:曾与郭任远校长据理力争,反对以涂改考试成绩的办法将进步学生除名的行径;曾就"校事应兴应革之点"上书③给竺可桢校长;曾多次慷慨捐助他人,有一次为素不相识的学生倾囊相助而自己不得不卖米筹钱,"近来如是者已第三次"。因此,在国立浙江大学任职期间,费巩深受师生爱戴,被称为"香公",并享有"浙大重心""道德的力量"等美名。④

1936年,竺可桢继任国立浙江大学校长,其因不满当时"教训不一"的教育状况,开始推行导师制。⑤他对费巩的印象颇佳:"费香曾来……袁克定之婿,但人极诚恳,不类富家子弟也。"⑥随着两人交往的深入,竺可桢愈加欣赏费巩,对于费巩的育人理念,特别是导师制理念,亦十分推崇。1936年试行的导师制因当时很多条件尚不完备,故仍属实验探索阶段。为此,竺可桢向国立浙江大学的教授们广泛征求

① 《费巩文集》编委会. 费巩文集[M]. 杭州:浙江大学出版社,2005:616.

② 1945年3月5日凌晨,费巩在赴复旦大学讲学途中,在重庆千厮门码头遭国民党特务秘密绑架遇害。

③ 即著名的"香公奏议"。

④ 《费巩文集》编委会. 费巩文集[M]. 杭州:浙江大学出版社,2005:577—620.

⑤ 刘正伟,卢美艳. 竺可桢对哈佛大学导师制的引进及实践[J]. 浙江大学学报(人文社会科学版),2019,49(6):184.

⑥ 竺可桢. 竺可桢全集:第6卷[M]. 上海:上海科技教育出版社,2005:97.

意见,费巩则是积极响应者之一。费巩认为,"英国制度洵属良美,但以学制各异,不易模仿"①,"以学生自由选择导师较为方便"②。费巩的这些观点引起了竺可桢的注意。1937年,国立浙江大学西迁至临安西天目山时因师生同住等条件的满足,导师制的实施较为顺利,可惜"施行未久,而抗战事起。继在泰和,普遍恢复,惟以辗转迁动,设备未周,一时难见实效"③。为改变这种状况,1939年1月,费巩特意写了《施行导师制之商榷》一文。此文获得"竺公深赞,昨且在校务会议特别提出,并交雷君④阅看,将在导师会议提出讨论"。1939年6月,对于指陈校政的"香公奏议",竺可桢批复道:"指陈利害如贾谊,明切事情如陆贽。"⑤1940年8月,尽管教育部规定训导长必须具备国民党籍,但竺可桢依然力主非国民党党员的费巩出任训导长。费巩虽从不存入仕之想,但为了"莘莘学子皆蒙其利",遂"弃清闲之教席不居"⑥,身为国立浙江大学"唯一的政治学专家"⑦,不惜屈就一向被学生鄙视为"警察厅长"的训导长一职。费巩上任后,大力推动国立浙江大学导师制的改革,并取得了一系列成效,受到了同事和学生的拥护。后来因部章所限,费巩于半年后即卸任训导长,但其继续担任国立浙江大学的训导

----

① 国立浙江大学.文理学院举行第二次茶会记 曾热烈谈论本校训育改进事宜[J].国立浙江大学日刊,1937(160):638.

② 竺可桢.竺可桢全集:第6卷[M].上海:上海科技教育出版社,2005:301.

③ 李絜非.浙江大学西迁纪实[M].杭州:国立浙江大学,1939:31.

④ 雷沛鸿,时任国立浙江大学训导长。

⑤《费巩文集》编委会.费巩文集[M].杭州:浙江大学出版社,2005:497-499.

⑥ 费巩.费巩同学来函[J].复旦同学会会刊,1940(9):57.

⑦ 云深.我所知道的费巩[J].青年生活,1946(8):68.

委员会委员,"与训导长(郭)洽周商谈训导诸事",协助训导长为导师制的顺利开展尽心尽力。可以说,费巩对国立浙江大学导师制的完善和发展做出了重要的贡献。

一、费巩的导师制理念探源

首先,费巩曾亲炙牛津大学导师制,对于导师制可以说是深有体悟,熟知自身在人才培养方面的独特优势:"导师将就此题目以其心得为学生述之,为非本课本及讲堂上所能听到者,并时时停顿,令学生先一思其解答、不中、始明言、学生恍悟,此之为亲炙教诲,进步之速,十倍于他法。"[①]

其次,对于20世纪30年代中国大学的教育实际,费巩有过深切洞察,其深知实施导师制之重要意义。1931年,费巩毕业回国,其先后在中国公学和复旦大学任教,目睹了当时大学教育存在的种种问题。因此,费巩特意撰文指出,"今日中国最可危惧之事,在道德之堕坏与教育之窳陋",大学教育制度中的学制、教法及训育为亟待讨论改善的问题,尤以训育问题为甚。其时的大学教育偏重学问之灌注,师生间之感情隔阂殊甚,对于学生之人格品行,教师漠不关心;学生仅以追求学识为满足,为人处世之道等修养方面缺乏指导,学生呈有学无品之畸形发展趋势。对于此种局面,费巩深感痛心,他认为,"今日教育首要之图,为着实注重训育",因为训育问题直接关系到学生人格的培养、品行的塑造,其中,"大公无私""有团体,无小我"等优良美德之养成尤

---

① 费巩.今后大学教育之改进[J].中央时事周报,1931(48):9.

为要图。费巩指出，导师制不啻为训育之良方，教师应"以身作则，为学生楷范；同时，学校应聘请端方之士，仿导师制度"①。费巩认为，导师工作直接关乎国家、民族的前途和进步，学校造就出来的人才，必须个个品学兼优，将来能改变社会风气，不与恶势力同流合污，中国才有希望，教育才有成就。②

最后，费巩出身于书香门第，先后毕业于复旦大学、牛津大学，学养深厚，26岁时就著作等身。可以说，学贯中西的教育背景，使费巩具备了兼收并蓄两家训育理念的基础。他认为，无论是英国牛津大学的导师制，还是中国传统书院制，都有所长，但或学制迥异，或时代变迁，其时的大学教育训育制度已不可能完全复制以上任何一家。所以，他主张采用兼备中国孔孟遗教、宋儒及王阳明学说与西方的公德私德之长的导师制。③

费巩认为，英国牛津大学的导师制特点是：重博览群书、重思想见解、重因材施教，导师全权负责学生的课业品行。大学教师的授课时数不多，大量时间花在帮助学生阅读探疑和论文指导上，从而于日积月累间达成勉励德行、立身行道的目的。中国传统书院制的特点是：以探讨辩难为重，"自由讲学之风气，与人格训练之注重"。④费巩指出，自汉以后，宋仁宗之前，学校的人格教育缺失，自有书院制后，"以身教人之风始盛"。他认为，传统的书院制是"吾教育制度固有之精

---

① 费巩.今后大学教育之改进[J].中央时事周报，1931(48)：4-10.

② 费巩.费香曾先生讲"施行导师制我见"[J].国立浙江大学校刊，1940(51)：1.

③ 费巩.今后大学教育之改进[J].中央时事周报，1931(48)：11.

④《费巩文集》编委会.费巩文集[M].杭州：浙江大学出版社，2005：470-471.

粹"，且与英国导师制不谋而合之处颇多。因此，他建议，其时的导师制可兼两家之长。其一，训育方针"第一，应谋养成伟大高尚之人格、敦品行、重气节。第二，应视学问与道德为不可分离之事"[①]。其二，训育目标可分成学生和教师两个方面。在学生方面，应着重培养其探讨思辨能力，以求养成独立的思想见解；在教师方面，应以身作则，以求对学生的学问与人格施以潜移默化的影响。

二、费巩的导师制理念核心

实际上，费巩早在1931年刚回国任教时，就开始了对中国训育问题的思考，并曾发表专文探讨过导师制本土化的理论可行性。1936年竺可桢开始试行导师制。之后，费巩不断建言献策，其经常发表演讲，并出任训导长、训导委员会委员等职，在不断实践中，逐步完善了自己的导师制理念。他的导师制理念涵盖了导师制之本、导师制之核与导师制之体三个方面。

（一）因地制宜原则为导师制之本

费巩主张"不要乱搬外国一切制度"[②]。他认为，可以效仿英国牛津剑桥大学的导师制，但不可以完全复制或生吞活剥，这主要出于以下三点原因。

（1）学制不同

费巩认为，"人或以为英国牛津剑桥二大学之导师制可以应用于

---

① 费巩.今后大学教育之改进[J].中央时事周报，1931(48):10.
② 浙江大学校史编辑室.费巩烈士纪念文集[M].杭州:浙江大学出版社，1980:38.

中国实大谬不然，因学制不同自格格不入"。

英国牛津剑桥大学导师的主要任务为担任学生的导师，在教室上课仅列次要地位。学生方面也是如此，去不去教室听课并不重要，但听从导师的指导，积极参加学习讨论会倒是第一重要的事。学生不用按班上课，每周上课至多八小时，且性属自由听讲，无"缺课扣分""改选退选"等事，也没有月考等，更没有学分制。

与之不同，中国的大学则实行授课加学分制，大学教师的主要任务为授课，且一般为大班授课，任学生导师乃其次要。因此，导师教课多、导生多，多未能专致精力于斯。学生则以上堂听课为主要任务，从导师研习乃属次要，师生常常无暇对谈与切磋。

（2）师生关系不同

费巩认为，中英两国的大学因学制不同，师生关系也会有所不同。

英国牛津剑桥大学的导师常与二三学子相聚一堂，或相对论学，或答疑解惑，或指示修养之法。"导师视门人如子弟，门人视导师如良师益友"，潜移默化间，不觉品德与学问俱进，因此师生关系极亲密。①

与之不同，中国的大学教育以学生上堂听课为主，导师讲堂传授，鲜有学生质疑。师生相见，除询问学生志趣、家庭状况、在校日常生活及功课之外，几乎无他话可问，而学生多哑然不肯发问，师生缺少交流和辩难，关系太疏。费巩形容教师如负贩者，"过重技术之传授，忽略人格之陶冶"，学生如购货者，交易而退，缘尽于此。

---

① 《费巩文集》编委会.费巩文集[M].杭州：浙江大学出版社，2005：470.

（3）导师的选聘对象以及为学生配备的导师人数不同

英国牛津剑桥大学的导师一般由教授讲师或研究学者担任,前者每周至多授课一两个小时,后者并不公开讲演授课,二者都以担任学生导师为主,因此可以全权负责学生的学业和德行。另外,每名学生并非只有一位导师,而是按其专业所分之门类,有导师数人。

与之不同,中国大学的导师则一般由专任教授、讲师担任,其平常以授课为主,授课钟点长。另外,每名学生一般只有一位导师。

虽然存在以上诸多差异,但费巩认为,可以根据中国的实际,采取以下措施来加以应对:减少导师的授课时数,使其分组定期接见两三名学生;根据师生双方的情况(如学生不同学习阶段的需要),选聘不同的导师。

（二）"启发思想、陶冶人格"为导师制之核

费巩认为,施行导师制之主旨,在使教师授业而外,更能指导学生思想与修养,因此,导师制理念应以"启发思想、陶冶人格"为核心。费巩指出,导师工作应把培养学生的品格放在至高的位置,导师不仅要教学生技能智识,并且要教授为人立品之道。费巩认为,一个人最重要的是"树德,有德有才,方为有用之材。无德有才,反为社会之害"。因此,他要求学生学做"大人",即"不自私自利的人"。

费巩指出,要做到这一点,首先应减少导师的授课时数,然后引导导师在教学上下功夫,让其改灌输为启发,教授方法改"代替学生读书"为"领导学生读书",教授内容改"书本内所获得之智识"为"教者之心得"。

其次,应将对人格修养的指导落在实处。具体做法是:一方面,导师应事先规划好每次所谈主题,如勉学问、谨言动、慎交与、练事情、宏

度量、励志行等，①每次见面前指定适合学生特点的、导师亲阅过的"有裨修养之书"，如名人传记、先儒文集、记述先哲先贤嘉言懿行之书等，要求学生事先研颂体会，并写成三四千字的论文。然后，分批定期约见学生，每次依循序渐进的主题，学生先就自己的论文阐释其所见，其他学生加入讨论，导师再分享集其修养与阅历之读后感。另一方面，导师亦应随时考察诸生在礼貌、仪态、举止、言动、应对进退、穿衣吃饭等方面是否做到了身体力行，若否，则随时指正。总之，力求达到知行合一的效果。

（三）系统全面的导师制理念体系为导师制之体

如前所述，20世纪二三十年代的中国大学教育因学制不同，不可能完全复制英国的导师制，但大学教育其本身也存在着很多问题，其中以训育问题为最，所以，很多大学纷纷开展导师制的探索，如大夏大学、北京大学等。②费巩所任教的国立浙江大学也存在着以上问题，其中教而不训的现象尤为突出，因此竺可桢校长在上任伊始就试行导师制。不过，由于抗日战争，国立浙江大学"辗转迁动，设备未周"，导师制的实施效果不是十分明显。深知导师制之深远意义的费巩颇为着急，其通过连续发文、公开演讲等方式提出了完善导师制的改革举措，主要包括以下四点。

（1）选聘导师的原则——兴趣第一、按需选用、分门别类

如前所述，费巩认为，应根据学生不同学习阶段的需要，选聘不同

---

① 《费巩文集》编委会.费巩文集[M].杭州:浙江大学出版社,2005:474.

② 邱椿.导师制的历史背景之检讨[J].战时知识,1938(6/7):10.

的导师:一、二年级侧重修养指导;三、四年级侧重专业的学术指导。因此,一、二年级的导师,可以在全校范围内选聘,不过鉴于"导师每人皆学有专长,但对一般问题,未必皆有兴趣,担任指导,容或缺少热忱"[①],费巩建议,应尽量选聘以文科为主的教授,并以兴趣为第一原则,选聘对导师工作感兴趣的教师。同时,导师与学生之间应本已熟识或存在选课关系,且师生有互选的自由,减少每位导师所带的学生数量,从而达成"导师能制订计划,学生能主动请教,师生均郑重其事"的效果。

简而言之,一、二年级尽量以"言传为主",侧重修养的熏陶,三、四年级则选聘品学端纯且足为表率的本专业教授,"身教为主",侧重学术的指导,导师事先规划学生两年之内应看之书,令其有系统有计划之写读,并通过批改、讲论,鼓励其思索辩难,从而得其薪传,学业乃有深造。1940年11月出台的《国立浙江大学导师分配方法》采纳了费巩的建议,其中规定:导师对一、二年级学生的指导须注重对其为人处事和读书学习的基本训练;对于高年级学生则须侧重专门的科学研究指导,其导师以自选为主,并以本院系教师为限;一年级学生导师不分院系;二年级学生的导师两人,自选和指派各一。[②]

(2)师生态度——"师者负其责,生徒乐受教"之养成

费巩认为,应该纠正原来"师者以为不可缺课便已尽责,视导师之充当为其额外负担,学生以为不旷课便已可贵,视导师之设为多余"的

① 《费巩文集》编委会.费巩文集[M].杭州:浙江大学出版社,2005:472.
② 佚名.国立浙江大学导师分配方法[J].国立浙江大学校刊,1940(68):1.

心理。教师须重视并愿意投入大量精力于导师工作,准备充实的训导材料;学生须使之觉受教于导师,真有实益可得,从而乐于受导。

总之,导师倘诚心"把导师看作一种责任","对学生必须诚恳关切,毫发无伪,语语自肺腑流出";学生当有敬意,培养"师者负其责,生徒乐受教"的氛围,导师制才容易得到实质性推行。

(3)训导之要谛——训情感化、以身作则

费巩认为,"训导"音近"熏陶",所以不应约束和强制,"训导人员不必把学生训练得如绵羊一般",而应该导重于训,注重引导和感化,用孔孟之道,"以身作则,言行合一",以德服人,从而把学生训导成"个个有人格、有骨气、有抱负、有见识"[①],将来能担负重任,不会被恶势力同化的人才。

具体操作方面,导师可以积极地引导、建议学生参与课外活动,关心其身心健康、生活情形,亲与其甘苦相共,从而在日常点滴中,凭借自己的忠信笃敬、真诚无伪,以身作则,促其自动以己为榜样。

(4)训导方法——中西结合、别具一格

如前所述,英国牛津大学导师主要通过定期布置命题作文、指定参考书目、批改课卷、师生讨论、纠谬指正、探讨辩难、启迪诱掖,以养成"有器识抱负之学者"。中国传统书院制也以探讨辩难为主,不过,其更侧重引导学生"自觉自动","自由讲学之风气与人格训练并重"。

费巩的训导方法结合了两家之长,并根据实际,采取周密的训导计划,循序渐进,以讨论辩难的方式,与导生一起探讨人格修养问题。

---

① 费巩.费香曾先生讲"施行导师制我见"[J].国立浙江大学校刊,1940(51):2.

其时,国立浙江大学还没有成立政经系或法学院,费巩任教的政治学属于公共课,因此,他的主要职责是担任一、二年级导师,训导内容相应地侧重人格修养。同时,因为授课时间长、导生多的具体实际,费巩无法采用英国导师制的阅读写作讨论方式,遂改用分批隔两周接见,每批(一两人)每次一小时,或室内闲聊,或郊外散步,主要探讨人格修养问题。他的训导计划系统而周密:"先召集全体导生茶会,拟就一表格令填,告以会谈之题材及时间,暂先以治学治事、交友律己、待人处世及礼仪等作每次谈话之题目,分七次谈完,每逢星期日下午接见两组学生,轮流为之,每人每隔两星期接见一次,首次见面,并拟讲述外国之导师制及中国适应之法。"①

虽然主题都是关于人格修养的,不过内容丰富,并因人而异。费巩常常会根据学生的秉性、特点进行专门指导,譬如:在为人处世方面,有的劝"去自私,而能利人为其要谛",有的"教以存心仁厚、举止厚重、砥砺风节、持正不阿",有的引导"正其心术,勿为物移,能不随世俗俯仰,不为成见所蔽。以道事君,严其公私之别";在律己之道方面,于男生劝其"旷达、有容、诚谦、刻苦、热心",于女生则"力求胸襟阔大",因"女子气量偏狭,易生烦恼",最好能以"自奉俭、待人厚、律己严、论人宽"为旨。不仅如此,费巩的训导常常灵活机动,多切合导生的实际需要:如遇到学生有学业上的烦恼,则"劝以敏而好学,勿自恃聪明而疏懒放恣,并劝以力求笃实稳重,不重则不威,学则不固";如近日学生自杀之风大盛,则立即"与谈扩胸襟、宏度量、祛烦恼之道";再如婚姻

①《费巩文集》编委会.费巩文集[M].杭州:浙江大学出版社,2005:514.

问题咨询，则分享经验，"告以择偶以心术为第一，其次脾气，再次家世"。总之，费巩"很务实，爱言之有物、言行一致"①，其通过朴实、亲切的指导，"希望学生做好人而不必为贵人，做好事而勿做官，终惟人格是尚、民心是讲"。②

三、费巩的导师制理念的现代启示

费巩担任训导长后，国立浙江大学的导师制逐步完善，导师制效果逐渐显现，争着选费巩当导师的学生众多，最多时甚至达到了五十五人。而且，在此情况下：导生获益良多，"诸生……并谓受余（费巩，笔者注）指导不自觉其品德日进"；师生关系颇有改善，"不少当年的浙大学子对导师制仍然念念不忘……比如物理学家王淦昌与科学史家许良英保持了终身的师生关系"③；毕业生也在社会上广受好评，"浙大同学在綦（江）刻苦力行、不计功利，颇能受人重视"④。

费巩提出的各项导师制理念和举措改善了国立浙江大学的导师制实践。可以说，他的导师制理念在一定程度上促进了育人制度的变革与发展，因此，这对当前创新人才培养的改革仍有借鉴意义。

（1）对于导师制，不仅要在思想上重视，而且要因地制宜、切实执行

费巩非常重视导师制在人才培养方面的作用。他认为，要使教育有成就、国家民族不断进步，学校培养的学生必须有德有才，而导师制

① 浙江大学校史编辑室.费巩烈士纪念文集[M].杭州：浙江大学出版社，1980：33.

②《费巩文集》编委会.费巩文集[M].杭州：浙江大学出版社，2005：520-605.

③ 傅国涌.石不能言月渺茫：费巩之死[J].文史精华，2003（12）：22.

④《费巩文集》编委会.费巩文集[M].杭州：浙江大学出版社，2005：609.

在培养德才兼备的学生方面具有不可替代的优势。即使在当代,这些理念也依然具有指导意义。目前,导师制在高等教育领域人才培养方面的作用越来越受到重视。《国家中长期教育改革和发展规划纲要(2010—2020年)》中指出,导师制是创新教育教学方法的主要途径之一,其与学生个性的培养和优势潜能的开发密切相关,在教学管理制度中占有重要地位。国家还提倡创新人才的培养模式,如《国家中长期教育改革和发展规划纲要(2010—2020年)》中指出,应"关注学生不同特点和个性差异,发展每一个学生的优势潜能。推进导师制等教学管理制度的改革"。换言之,要想培养拔尖创新人才,导师制因其具备因材施教的优势,在人才培养方面须进一步发挥作用。

费巩还认为,导师制的实施要想取得切实效果,必须根据本国、本校、本系的实际来进行积极探索。他指出,1938年教育部通令中等以上学校实施的导师制,的确是针对当时大学教育诸问题的对症良药,"而按诸实际,与吾国旧有之书院制与牛津剑桥之导师制亦不尽相同。故可供探讨商榷之处亦正复不少"。[①]因此,他建议,根据实际采取补救措施,如理工科专业因重实际操作,讨论可改为两周一次等。这一点对当前的中国高校尤为重要,由于现在的大学数目庞大,学科种类繁多,每所学校都有其特有的实际情况,因此导师制等教学管理制度改革的推进也应该因地制宜、量力而行。

(2)构建良性互动的师生关系是强化导师制效果的关键

1946年,各高校遵部令,中止了对导师制的探索。直到2002年,

---

① 《费巩文集》编委会.费巩文集[M].杭州:浙江大学出版社,2005:469.

北京大学、浙江大学等高校才重新启动导师制。2005年，教育部发布《教育部关于印发〈关于进一步加强高等学校本科教学工作的若干意见〉的通知》，要求"有条件的高校要积极推行导师制"。此外，2010年发布的《国家中长期教育改革和发展规划纲要（2010—2020年）》及2012年发布的《教育部关于全面提高高等教育质量的若干意见》均明确提出要"实行导师制"。可以说，当时导师制在国内高校已经比较普及，但依然存在"指导交流无话可谈"[①]、师生关系仍停留在"制度性接近"[②]等诸多问题。费巩认为，要使师生的关系亲密无间，而不是相对默然、流于形式的话，则要注意以下三个要素。

第一要素：导师人选——品学端纯、兴趣驱动、言之有物、发自肺腑。

费巩认为，导师的选择最为关键，训导不在训，而在导，因此导师必须做到以身作则。他认为，如果想要选聘到合适的导师，那么须做到以下几点：①导师必须是品学端纯之人；②导学工作发自兴趣，而不是迫于形势，这样才能在导学时，真诚以待，发自肺腑；③对于甘愿担任导师的教师，应酌量缩短其授课时间，减少其所导人数，从而让其有精力于此工作并负起相应责任；④导师亦有选择学生之自由。

第二要素：学生需求——互选自由、有针对性、灵活机动、切实获益。

---

① 岳宗福.本科生全程导师制：实践路径、模式比较与经验反思[J].扬州大学学报（高教研究版），2018，22（2）：54.

② 徐岚，卢乃桂."成长的窗户"还是"冰冷的制度"？：一所研究型大学本科生导师制的质性研究[J].中国人民大学教育学刊，2011，1（1）：48.

费巩指出，重视学生需求是改善师生关系的另一大法门，具体可以参考以下四点。①学生应有选择导师的自由。②每次见面时，以两三人为宜，若导生众多，则可以分批进行。③实行灵活机动的导师配备制度，可在不同阶段选用不同的导师。如一、二年级侧重修养指导，三、四年级侧重学术引导。对于操作性较强的专业，可以配备行业导师等。④切实获益原则。无论是哪种导师，最好每次接见都能让学生有所收获，或人生感悟，或学术进步，或实操演练，等等，否则有流于形式之忧。

第三要素：训导方法——周密计划、内容丰富、方式多样、知行合一。

费巩认为，训导方法也是重中之重。指导之法，虽无刻板之方式，但不能空言，须落在实处，主要包括以下方面：①周密计划。导师在接到导生名单后，应先计划好所有导学的内容，循序渐进，合理分配好每次见面的时间、主题和参考书目，并做成表格，然后在第一次见面时，召集所有导生，让每名学生根据自己的情况，在表格上选择好自己的时间和每次预备讨论的题目。②内容丰富。每次见面前，导师应根据学生特点指定相应的参考书目，要求其在课外进行阅读和思考，并写成三四千字的论文。在见面时，师生就相关主题和论文进行疑难探讨，或者由导师根据学生的实际情况进行引导。③方式多样。约见的方式可不局限于一种：室内闲聊或共享学术活动或户外郊游等均可，不过都是为了增进师生间的了解。④知行合一。导师制的主要目的之一是对学生进行有针对性的人格修养方面的指导。因此，在每次见面时，导师须仔细观察和考验各名学生在礼貌、举止、应对进退等方面的表现，并给予相应的指点。费巩认为，导师制的推行关键在于"导师能制订计划，学生能主动请教，师生均郑重其事"。否则，导师制就会徒有虚名。

第三节　小　结

国立浙江大学在实施导师制的过程中恰逢校址西迁，时局动荡，办学条件简陋，但在此期间，国立浙江大学面貌焕然一新、声誉鹊起，共培养了三千余名高级人才，并取得了许多达到国际先进水平的科学研究成果。应该说，其中离不开诸位导师的辛勤指导，费巩教授就是其中一位。费巩极为重视导师制的作用，其在导师选聘、学生需求、训导方法等方面均有独到见解，特别是他认为，导师制可兼英美导师制与中国传统书院制之长，即：训育方针"第一，应谋养成伟大高尚之人格、敦品行、重气节。第二，应视学问与道德为不可分离之事"。在学生方面，应着重培养其探讨思辨能力，以求养成独立的思想见解；在教师方面，应以身作则，以求对学生的学问与人格施以潜移默化的影响。这些高瞻远瞩的育人理念对当今实施导师制的高校而言，依然具有重要的借鉴意义。

第七章

结 语

导师制是教师对学生学业进行个别指导,并通过密切的师生接触以对学生的品行和人格进行引导的一种教育教学制度,其14世纪起源于英国牛津大学,20世纪初被以哈佛大学为代表的高校引入美国。在我国近代高等教育史上,民国初年即有高校探索试行导师制,早期名曰"顾问制度",用以加强教师对学生的学业、生活等方面的教育指导。可以说,萌芽于英国的导师制现已在世界各国生根发芽。导师制之所以会被诸多大学奉为圭臬,离不开"大学"的题中应有之义,即:将追求科学知识和精神生活的人聚集在一起,以便于师生(生生)携手、共同研究,而师生之间如切如磋的"论道",以及生生间无时不在的精神交往,均可助益每名学生,促其"成材"和"成人"。

　　回顾牛津大学导师制的发展史不难发现,学院制是导师制的基础,"早期导师制的兴起其实也是学院制大学内部变革的结果"。16—17世纪,牛津大学各学院纷纷成立,并成为大学本科教学的中心。与此同时,学院为了更有效地对学生进行管理,纷纷设立导师,让其承担起管理学生的经济开支和道德行为的责任,并由其指导学生的学业。

导师制教学的灵魂——博雅教育就是学院传统的产物。强调心智的培养、自我教育和博雅教育的理念为牛津大学现代导师制提供了丰富的理论指导。同样地，导师制教学也是博雅教育的核心表现方式，并逐渐成为牛津大学各学院教学制度的核心。今天，牛津大学的学院制依然是导师制赖以生存的重要物质基础和制度支撑。

英国历史上的政治剧变及大学改革时期学院所采取的一系列积极举措成就了牛津大学当下的学院式结构、课程体系及导师制教学模式。牛津大学导师制经过长期的发展演变，加上英国中学独有的大公学体系，使师生之间逐渐形成一个学习共同体。牛津大学的导师制与其说是一种制度，不如说是一种关系，师生之间亲密互动，并为了实现其"探究知识、独立思考"的共同愿景而努力。在实施过程中，牛津大学参与导师制教学的学生、导师和学院已经自然形成一种良性发展的学习型组织，"学生渴望在导师面前有很好的表现，导师希望学生在学院中能有出色的表现，学院希望学生在大学里有出色的表现"。

随着时代的变迁，牛津大学根据本国的教育实际不断调整和改革，逐渐形成了"博雅教育、因材施教、师生互动合作、研究性学习"的特点。时至今日，旨在让学生"探究知识、独立思考"的牛津大学导师制依然魅力不减，并逐渐成为一种具有现代大学理念的人才培养制度。20世纪初，牛津大学进一步加强了导师制在本科生人才培养体系中的运用，经过长期的发展和演变，导师制教学现已成为牛津大学皇冠上的一颗明珠。

19世纪末20世纪初，美国高等教育机构的一些有识之士发现本国的部分大学虽然完成了由传统学院向现代大学的转型，但"招生规模过大、过于重视学术研究和研究生教育"这些问题也随之而来。为了应对这些问题,哈佛大学校长洛厄尔等提出了一个培养"整全之人"的新高等教育理念,力图通过效仿牛津大学和剑桥大学的住宿学院制,把研究型大学的本科教育部门改造成小型的师生亲密相伴的学习社群,以培养"博""专"兼备、品格良好的公民。在借鉴学习的过程中,哈佛大学导师制逐渐形成了自己的特点,即作为一种课程辅导制度,对学生的课程学习及研究性学习进行建议和指导。

　　导师制在美国的引入、发展与创新实际上经历了一个曲折的过程:从19世纪末为了提高本科教学质量,效仿牛津大学导师制,试图建立住宿学院,创建小而亲密的学者社群来构建师生共同体的尝试屡屡受挫,到成功获得资金,创建住宿学院,却因为教育规模的持续扩大而慢慢演变成具有美国特色的宿舍导师制和课程辅导导师制,再到20世纪60年代后,对英式导师制与德式习明纳进行创新整合,构建新生研讨班、宿舍楼习明纳和本科生科研计划等多种导师制创新形式。这充分说明了对于他国先进教育理念和教育管理体制的引进不仅需要借助于一定的机缘巧合,同时还要在真正理解他国的教育体制、历史传统和办学理念的基础上,结合本国教育实践进行理性探究和深入分析,并进行大胆创新。美国大学的导师制教学仍在不断发展和完善,虽然其目前的导师制实施形式已与英式的导师制教学相去甚远,但其发展历程和创新特色依然能给我国高等教育改革提供不少借鉴。

　　如果说牛津大学导师制教学本质上是一种关系,那么哈佛大学导师制则是一种课程辅助制度。哈佛大学导师制源于对选课制改革的需要,包括导师制在内的一系列教育机制,如学系、必修课程、荣誉学位制度和综合考试制度其实都是对专修课程制度的一种辅助,因为专修课程制度需要为有能力和有进取心的学生提供在其所选择的领域中学有专长的机会。随着时代的发展,哈佛大学导师制积极响应社会对人才培养的需求("增强教学互动、培养学术兴趣"),做了一系列相应的调整,导师制的功能逐渐变为:通识教育的辅助、专业能力和社会能力的提升指导。

目前的哈佛大学本科生导师可以分为咨询导师、教学导师和研究导师三种。教学导师和研究导师强调对学生的专业训练,咨询导师则侧重学生在学习和生活方面的咨询。总的来说,应对各种挑战后的哈佛大学导师制表现为学院式的一种生活方式和主要针对优秀学生进行学术指导的优才导师制,其选拔过程不是一成不变的,而是弹性机动的。在实施导师制过程中,哈佛大学不断根据时代的变化,对普导制与优导制进行了平衡与机动的调整,并逐渐形成了具有鲜明美国本土特色的导师制。

20世纪20年代至40年代,不少大学发现,本国的高校存在师生关系淡漠、选课制度不合理、跨学科人才匮乏等诸多问题。因此,民国时期诸多高校效仿他国,试图通过推行导师制来解决上述问题,因而纷纷开始引进英国牛津大学和美国哈佛大学的导师制,并结合自身实际对导师制进行了探索和改良。在这些高校中,以大夏大学、燕京大学和国立浙江大学为翘楚。这些大学推崇导师制出于不同缘由:有些旨在改善师生关系,有些旨在培养跨学科人才,也有些旨在改革学分制度,等等。个中也都经历了从试行、试教到全面铺开的曲折探索过程,可喜的是,都取得了一定成效。只是后来,因为抗日战争的爆发、财政经费的不足、南京国民政府的教育部制定和颁布的一系列法令等，这三所大学在20世纪40年代不得不先后停止施行导师制。具体而言，早期的导师制实践侧重与传统书院精神或大学传统精神的结合，后期的导师制实践则把重心放在如何根据本校实际对国外导师制进行改良以更好地发挥其作用上。

大夏大学自1929年开始导师制的试行。大夏大学作为民国时期最早实施导师制的大学，其导师制可以说是一种结合中国传统书院制与英美导师制的积极探索。大夏大学在施行导师制过程中不断根据实际进行调整和完善，这对当今高校本科生导师制的实施依然具有重要的借鉴意义。此外，对导师人选品德上的严格把关较好地传承了中国传统书院精神，同时这也是对本校"师生合作"传统的一种发扬光大和制度保证。这可以说是大夏大学导师制能取得一定效果的一大重要因素，而教职员工中不少曾留学海外，熟稔欧美的导师制，并能根据实际因地制宜则是另一重要因素。

为了革除社会学系人才跨学科素养不足的弊端，燕京大学在20世纪30年代中后期决定效仿牛津大学的哲学、政治学、经济学荣誉学位课程实施导师制。由于前期有吴文藻亲赴牛津大学对导师制的详尽实地考察做基础，并获得了牛津大学副校长的支持，从而使燕京大学拥有了曾亲炙牛津剑桥导师制教学的林迈可、戴德华等优良师资，得到了充足的经费，加上实施的细则完备、规模又较小，主要是在燕京大学社会学系内推行，能接受导师制教学的也只是一部分优秀学生，其实施效果较好。可惜受日本侵华战争的影响，燕京大学的导师制仅仅维持了四年，但依然可以说其是对英国牛津大学社会科学荣誉学位导师制的一种较全面的学习和仿效，其对跨学科人才培养的导师制探索和实践依然给我们当代跨学科人才的培养提供了不少启迪。

国立浙江大学自1936年开始试行导师制，至1946年因南京国民政府勒令停止导师制而结束，其在实施导师制的过程中恰逢校址西迁，时局动荡，办学条件简陋，但在此期间，国立浙江大学面貌焕然一新，无论是高级人才的培养数量，还是达到国际先进水平的科学研究成果的获得数目都有了一个新高度。其中，竺可桢校长引进哈佛大学导师制的决策和因时因地制宜的不断改革自然是功不可没，诸多导师在战乱频仍的境况下依然对学生进行的辛勤指导也不容忽视。费巩教授就是诸多导师中的一位。费巩极为重视导师制的作用，其在导师选聘、学生需求、训导方法等方面均有独到见解，特别是他认为，导师制可兼英美导师制与中国传统书院制之长，即：训育方针"第一，应谋养成伟大高尚之人格、敦品行、重气节。第二，应视学问与道德为不可分离之事"。在学生方面，应着重培养其探讨思辨能力，以求养成独立的思想见解；在教师方面，应以身作则，以求对学生的学问与人格施以潜移默化的影响。这些高瞻远瞩的育人理念对当今实施导师制的高校而言，依然具有重要的借鉴意义。

参考文献

中文文献

阿什比,1983.科技发达时代的大学教育[M].滕大春,滕大生,译.北京:人民教育出版社.

艾伦·B.科班,2017 中世纪英国大学生活[M].邓磊,杨甜,译.重庆:重庆大学出版社.

比尔·雷丁斯,2008.废墟中的大学[M].郭军,陈毅平,何卫华,等译.北京:北京大学出版社.

陈平原,2000.北大精神及其他[M].上海:上海文艺出版社.

陈平原,2002.中国大学十讲[M].上海:复旦大学出版社.

陈晓菲,刘浩然,林杰,2019.牛津大学本科导师制的学生学习体验研究[J].比较教育研究,41(3):39-45.

陈远,2011.消逝的燕京[M].重庆:重庆出版社.

陈远,2013.燕京大学 1919—1952[M].杭州:浙江人民出版社.

程瑞芳,2010.高校本科生导师制的比较研究:以牛津大学和浙江大学为例[D].杭州:浙江大学.

大卫·帕尔菲曼,2011.高等教育何以为"高":牛津导师制教学反思[M].冯青来,译.北京:北京大学出版社.

大夏大学,1931.私立大夏大学一览[M].上海:大夏大学.

德·朗特里,1988.西方教育词典[M].陈建平,杨立义,邵霞君,等译.上海:上海译文出版社.

德雷克·博克,2012.回归大学之道:对美国大学本科教育的反思与展望[M].侯定凯,梁爽,陈琼琼,译.上海:华东师范大学出版社.

邓磊,杨甜,2013.古典大学文化生活的现代续延:英式住宿学院的缘起、承继与启示[J].高等教育研究,34(9):89-94.

丁文江,赵丰田,1983.梁启超年谱长编[M].上海:上海人民出版社.

杜祥锋,何亚平,2003.竺可桢与浙江大学导师制[J].现代大学教育(6):95-97.

杜智萍,2011.19世纪以来牛津大学导师制发展研究[M].呼和浩特:内蒙古大学出版社.

恩斯特·卡西尔,2004.人论[M].甘阳,译.上海:上海译文出版社.

范文曜,马陆亭,2004.国际视角下的高等教育质量评估与财政拨款[M].北京:教育科学出版社.

费巩,1931.今后大学教育之改进[J].中央时事周报(48):4-11.

费巩,1940a.费巩同学来函[J].复旦同学会会刊(9):57.

费巩,1940b.费香曾先生讲"施行导师制我见"[J].国立浙江大学校刊(51):1-2.

《费巩文集》编委会,2005.费巩文集[M].杭州:浙江大学出版社.

费孝通,1996.开风气 育人才[J].北京大学学报(哲学社会科学版),33（1）:14-20.

傅国涌,2003.石不能言月渺茫:费巩之死[J].文史精华(12):19-25.

傅愫冬,1982.燕京大学社会学系三十年[J].社会(4):44-49.

傅愫冬,1990.燕京大学社会学系三十年[J].咸宁师专学报(3):75-82,84.

顾明远,1998.教育大辞典[M].增订合编本.上海:上海教育出版社.

郭健,2016.哈佛大学发展史研究[M].石家庄:河北教育出版社.

郭任远,1933.郭校长答词[J].国立浙江大学校刊(131):1392.

国立浙江大学,1935.国立浙江大学要览:二十四年度[M].杭州:国立浙江大学.

国立浙江大学,1937.文理学院举行第二次茶会记 曾热烈谈论本校训育改进事宜[J].国立浙江大学日刊(160):638-640.

过勇,2016.本科教育的组织模式:哈佛大学的启示[J].高等教育研究,37(1):64-73.

哈佛委员会,2010.哈佛通识教育红皮书[M].李曼丽,译.北京:北京大学出版社.

贺国庆,2014.西方大学教学方法变革考[J].教育研究(8):125-134.

贺国庆,王保星,朱文富,等,2003.外国高等教育史[M].北京:人民教育出版社.

侯怀银,李艳莉,2011.大夏大学教育系科的发展及启示[J].华东师范大学学报(教育科学版),29(3):82-90.

胡适,1924.书院制史略[J].东方杂志,21(3):2.

教育通讯周刊社,1940.导师制问题[M].汉口:教育通讯周刊社.

金津,2011.精英大学本科生导师制:国际经验与中国个案研究[D].上海:上海交通大学.

蓝文徵,1970.清华大学国学研究院始末[J].清华校友通讯(32):2-4.

雷洁琼,水世琤,1998.燕京大学社会服务工作三十年[J].中国社会工作(4):39-41.

李才栋,2005.中国书院研究[M].南昌:江西高校出版社.

李国钧,等,1994.中国书院史[M].长沙:湖南教育出版社.

李絜非,1939.浙江大学西迁纪实[M].杭州:国立浙江大学.

李莉,2009.牛津大学导师制下的教育关系分析[J].黑龙江高教研究(2):39-41.

梁启超,1925.梁任公教授谈话记:九月十一日下午三时半在研究院第五研究室[J].清华周刊,24(3):98-102.

刘宝存,2011.为未来培养领袖:美国研究型大学本科生教育重建[M].北京:高等教育出版社.

刘海峰,史静寰,2010.高等教育史[M].北京:高等教育出版社.

刘振宇,2012.论民国时期高校导师制的施行[J].高教探索(6):94-99.

刘正伟,卢美艳,2018.竺可桢对哈佛大学校长艾略特大学理念的接受与改造[J].高等教育研究,39(9):83-92.

刘正伟,卢美艳,2019.竺可桢对哈佛大学导师制的引进及实践[J].浙江大学学报(人文社会科学版),49(6):182-195.

娄岙菲,2021.师生合作:大夏大学的立校精神与当代启示[J].华东师范大学学报(教育科学版),39(10):27-40.

卢辉球,1936.今后本校应如何推行导师制[J].大夏周报(2):29-31.

鲁继曾,1929.欧美大学之导师制[J].大夏周报(65):4-6.

马尔科姆·泰特,2007.高等教育研究:进展与方法[M].侯定凯,译.北京:北京大学出版社.

孟宪承,2010.大学教育[M].上海:华东师范大学出版社.

米协尔,1939.前进中之浙江大学[J].力行,译.国立浙江大学校刊(15):4.

欧元怀,1929.导师制为今要图[J].大夏周报(65):3-4.

欧元怀,1938.推行导师制平议[J].教育通讯(汉口)(32):4-7.

齐艳霞,尹春洁,2004.从"隐性知识论"看牛津大学的导师制[J].全球教育展望(9):56-58.

钱穆,2011.新亚遗铎[M].北京:九州出版社.

清华大学校史研究室,2011.清华大学史料选编:第二卷 上、下 国立清华大学时期 1928—1937[M].北京:清华大学出版社.

邱椿,1938.导师制的历史背景之检讨[J].战时知识(6/7):10-12.

任鸿隽,陈衡哲,1925.一个改良大学教育的提议[J].现代评论,2(39):10-13.

尚红娟,2018.美国一流本科教育的改革与发展趋势[J].现代大学教育(3):37-38.

邵裴子,1930.十九年度第一学期开始院长讲话纪要[J].国立浙江大学校刊(25):318.

施琳,2008.西学东渐,拓业名师:吴文藻先生传略[J].中国民族(3):

50-51.

宋恩荣,章咸,2005.中华民国教育法规选编[M].修订版.南京:江苏教育出版社.

苏云峰,2001a.从清华学堂到清华大学:1911—1929 近代中国高等教育研究[M].北京:生活·读书·新知三联书店.

苏云峰,2001b.从清华学堂到清华大学:1928—1937 近代中国高等教育研究[M].北京:生活·读书·新知三联书店.

孙敦恒,2002.清华国学研究院史话[M].北京:清华大学出版社.

汤涛,2015.王伯群与大夏大学[M].上海:上海人民出版社.

威廉·本廷克-史密斯,2010.哈佛读本[M].张旭霞,许德金,申迎丽,等译.北京:人民文学出版社.

吴宓,1925a.清华开办研究院之旨趣及经过[J].清华周刊(351):1-2.

吴宓,1925b.研究院章程[J].清华周刊(360):21-24.

吴玮,2007.本科生创新能力培养的制度化研究:以中美两国荣誉学院为例[D].杭州:浙江大学.

吴文藻,1936.功能派社会人类学的由来与现状[J].民族学研究集刊(1):123-144.

吴文藻,1982.吴文藻自传[J].晋阳学刊(6):44-52.

武书连,2002.再探大学分类[J].科学学与科学技术管理,23(10):26-30.

谢循初,1936.今日大学课程编制问题[J].安徽大学季刊(1):3-16.

徐岚,卢乃桂,2011."成长的窗户"还是"冰冷的制度"?:一所研究型大学本科生导师制的质性研究[J].中国人民大学教育学刊,1(1):

48-65.

许高渝,傅天珍,2019.国立浙江大学龙泉分校史料[M].杭州:浙江大学出版社.

佚名,1928.校闻:十一月十九日下午四时第三十二次校务议会议事摘录[J].大夏周刊(61):22-23.

佚名,1930.导师制之进行[J].大夏周报(75):34.

佚名,1934a.大夏大学导师制条例[J].大夏周报(1):16.

佚名,1934b.大夏大学施行普及导师制度[J].申报,1934-10-05(13).

佚名,1934c.导师制施行细则[J].大夏周报(1):17.

佚名,1935.导师与群育部打成一片[J].大夏周报(18):553.

佚名,1936a.第三次校务会议记录[J].国立浙江大学校刊(254):2923.

佚名,1936b.国立浙江大学第一次校务会议记录[J].国立浙江大学校刊(250):2846.

佚名,1936c.训育委员会第一次会议记录[J].国立浙江大学日刊(27):106-107.

佚名,1936d.训育委员会第一次会议记录[J].国立浙江大学日刊(27):105-106.

佚名,1938a.本校实施导师制概况[J].国立浙江大学校刊(4):3.

佚名,1938b.本校推进导师制:历次导师会议经过志要[J].国立浙江大学校刊(3):3.

佚名,1938c.文理学院第一次院务会议记录[J].国立浙江大学日刊(98):389.

佚名,1939a.导师制在哈佛大学三百年间之演化:雷宾南先生讲辞大意[J].国立浙江大学校刊(9):1.

佚名,1939b.训育委员会会议纪要[J].国立浙江大学校刊(9):2.

佚名,1939c.要讯简报:蔡作屏先生导学生郊叙[J].国立浙江大学校刊(4):2-62.

佚名,1940a.国立浙江大学导师分配方法[J].国立浙江大学校刊(68):1.

佚名,1940b.院务报告:训导[J].国立浙江大学师范学院院刊,1(1):123.

佚名,1941.本校于二月三日上午举行纪念周[J].国立浙江大学校刊(80):1.

佚名,1943.工学院与资委会合作研究专题[J].国立浙江大学校刊(116):2.

佚名,1948.本校历年学生人数比较表[J].大夏周报(14):1.

喻永庆,2018.民国时期大夏大学导师制实施考察[J].高教探索(10):91-96.

约翰·亨利·纽曼,2001.大学的理想(节本)[M].徐辉,顾建新,何曙荣,译.杭州:浙江教育出版社.

约翰·亨利·纽曼,2003.大学的理念[M].高师宁,何克勇,何可人,等译.贵阳:贵州教育出版社.

约翰·塞林,2014.美国高等教育史[M].孙益,林伟,刘冬青,译.北京:北京大学出版社.

岳宗福,2018.本科生全程导师制:实践路径、模式比较与经验反思[J].扬州大学学报(高教研究版),22(2):54-59.

云深,1946.我所知道的费巩[J].青年生活(8):68.

张彬,2004.倡言求是 培育英才:浙江大学校长竺可桢[M].济南:山东教育出版社.

张家勇,王报平,2008.哈佛大学本科生辅导和咨询制度改革及启示[J].理工高教研究(1):29-33.

张家勇,张家智,2007.哈佛大学本科生住宿制和导师制[J].比较教育研究(1):75-79.

张其昀,1942.浙大校风与训导方针[J].国立浙江大学校刊(104):2-3.

张玮瑛,王百强,钱辛波,2000.燕京大学史稿[M].北京:人民中国出版社.

张旭渠,1987.永远不会忘记:回忆在浙大学习时的几位老师[J].浙大校友通讯(2):41-45.

浙江大学龙泉分校,1939.国立浙江大学浙东分校导师制实施办法大纲[A].浙江大学档案馆馆藏.档案号:ZD-1939-53-1-1893.

浙江大学校史编辑室,1980.费巩烈士纪念文集[M].杭州:浙江大学出版社.

郑晓沧,1936.大学教育的两种理想[J].国立浙江大学日刊(27):108.

中国第二历史档案馆,1991.中华民国史档案资料汇编:第五辑第一编 教育(一)[M].南京:江苏古籍出版社.

周雁翎,周志刚,2011.学院传统与牛桥导师制[J].清华大学教育研究,32(6):46-53.

朱章宝,1929.本校施行导师制之经过[J].大夏周报(65):6-7.

竺可桢,1936a.美国哈佛大学三百周年纪念感言[J].国立浙江大学日刊(17):67-68.

竺可桢,1936b.竺校长答词[J].国立浙江大学校刊(250):2844.

竺可桢,2004a.竺可桢全集:第2卷[M].上海:上海科技教育出版社.

竺可桢,2004b.竺可桢全集:第3卷[M].上海:上海科技教育出版社.

竺可桢,2004c.竺可桢全集:第4卷[M].上海:上海科技教育出版社.

竺可桢,2005a.竺可桢全集:第6卷[M].上海:上海科技教育出版社.

竺可桢,2005b.竺可桢全集:第7卷[M].上海:上海科技教育出版社.

竺可桢,2006a.竺可桢全集:第8卷[M].上海:上海科技教育出版社.

竺可桢,2006b.竺可桢全集:第9卷[M].上海:上海科技教育出版社.

竺可桢,2006c.竺可桢全集:第11卷[M].上海:上海科技教育出版社.

竺可桢,2013.竺可桢全集:第24卷[M].上海:上海科技教育出版社.

英文文献

ASHWIN P, 2005. Variation in students' experiences of the "Oxford tutorial"[J]. Higher education, 50(4): 631-644.

BAILYN B, FLEMING D, HANDLIN O, et al., 1986. Glimpses of the Harvard past[M]. Cambridge, Mass.: Harvard University Press.

BARKER E, 1931. Universities in great Britain: their position and their problems[M]. London: International Student Service.

BRAGDON H W, 1967. Woodrow Wilson: the academic years [M]. Cambridge, Mass.: Belknap Press of Harvard University Press.

BROCK M G, CURTHOYS M C, 1997. The history of the university of Oxford, volume Ⅶ: nineteenth-century Oxford, part 2[M]. Oxford: Clarendon Press.

BROOKE C, HIGHFIELD R, 1988. Oxford and Cambridge [M]. Cambridge: Cambridge University Press.

CHESTER N, 1986. Economics, politics and social studies in Oxford, 1900—85[M]. London: The Macmillan Press LTD.

CHICKERING A W, GAMSON Z F, 1987. Seven principles for good practice in undergraduate education[J]. AAHE bulletin, 39(7): 3-7.

COBBAN A B, 1988. The medieval English universities: Oxford and Cambridge to c. 1500[M]. Berkeley: University of California Press.

CURTIS M H, 1959. Oxford and Cambridge in transition, 1558—1642: an essay on the changing relations between the English universities and English society[M]. Oxford: Clarendon Press.

DUKE A, 1996. Importing Oxbridge: English residential colleges and American universities[M]. New Haven: Yale University Press.

FLEXNER A, 1908. The American college: a criticism[M]. New York: Century.

GAFF J R, et al., 1970. The cluster college concept[M]. San Francisco: Jossey-Bass.

GRAHAM H D, DIAMOND N, 1997. The rise of American research universities: elites and challenges in the postwar era[M]. Baltimore: Johns Hopkins University Press.

HAKIM T M, 2000. At the interface of scholarship and teaching: how to develop and administer institutional undergraduate research programs[R]. Asheville, NC: Council on Undergraduate Research.

HAMILTON S W, 1831. Universities of England-Oxford[J]. Edinburgh review(53): 394-395.

HANDLIN O, HANDLIN M F, 1970. The American college and American culture: socialization as a function of higher education[M]. New York: McGraw-Hill.

HARRISON B, 1994. The history of the university of Oxford: volume Ⅷ: the twentieth century[M]. Oxford: Oxford University Press.

HINDMARSH A E, 1932. A Harvard educational plan[J]. Journal of higher education(3): 174.

JASPERS K, 1959. The idea of the university[M]. Boston: Beacon Press.

LEITCH A, 1978. A princeton companion[M]. Princeton: Princeton University Press.

LOWELL A L, 1913. Reports of the president and the treasurer of Harvard College 1911—12[M]. Cambridge, Mass.: Harvard University Press: 11-13.

LOWELL A L, 1927. General examinations and tutors in Harvard College[J]. Educational record(2): 66-76.

LOWELL A L, 1930. President Lowell's inaugural address [M]// MORISON S E. The development of Harvard University since the inauguration of president Eliot, 1869—1929. Cambridge, Mass.: Harvard University Press: lxxix-lxxxviii.

LOWELL A L, 1934. At war with academic traditions in America[M]. Cambridge, Mass.: Harvard University Press.

MALHOTRA H, 2020. The Oxford tutorial system: explained by Oxford students[EB/OL]. (2020-03-30)[2022-03-15]. https://www. northeastern. edu/geo/voice/2020/03/30/oxford-tutorial-system-explained-oxford-students/.

MALLET C E, 1968. A history of the university of Oxford[M]. New York: Barnes & Noble.

MOORE W G, 1968. The tutorial system and its future[M]. Oxford: Pergamon Press.

MORISON S E, 1994. Three centuries of Harvard, 1636—1936[M]. Cambridge, Mass.: Harvard University Press.

NEEDHAM J, 1945. Science in Kweichow and Kuangsi[J]. Nature (156):496-499.

RESNICK L B, HALL M W, 1998. Learning organizations for sustainable education reform[J]. Daedalus(4): 89-118.

RIESMAN D, 1975. Education at Harvard[J]. Change: 24-48.

ROTHBLATT S, 1968. The revolution of the dons: Cambridge and society in Victorian England[M]. New York: Basic Books.

RYAN A, 2002. A liberal education and that includes the sciences[M]// PALFREYMAN D. The Oxford tutorial: "thanks, you taught me how to think". Oxford: The Oxford Centre for Higher Education Policy Studies: 38-48.

SHALE S, 2002. The Oxford tutorial in the context of theory on student learning: "knowledge is a wild thing, and must be hunted before it can be tamed"[M]//PALFREYMAN D. The Oxford tutorial: "thanks, you taught me how to think". Oxford: The Oxford Centre for Higher Education Policy Studies: 90-95.

SOARES J A, 1999. The decline of privilege, the modernization of Oxford University[M]. Stanford: Stanford University Press.

TAPPER T, PALFREYMAN D, 2000. Oxford and the decline of the collegiate tradition[M]. London: Routledge.

TAPPER T, PALFREYMAN D, 2010. The collegial tradition in the age of mass higher education[M]. Dordrecht: Springer.

TAPPER T, SALTER B, 1992. Oxford, Cambridge and the changing idea of the university: the challenge to donnish domination [M]. Berkshire: Open University Press.

TORODE J, 2021. The other PPE[EB/OL]. (2021-08-13)[2021-08-25].https://www.thearticle.com/the-other-ppe.

VERSEY L R, 1965. The emergence of the American university [M]. Chicago: University of Chicago Press.

WENLEY R M, 1919. Reckless tenants: university of Michigan Phi Beta Keppa address May 1918[J]. Educational review(47): 32.

WHITE B, WAINWRIGHT S, SCHREITER L, 2022. One hundred years of PPE 1920—2020[EB/OL].[2022-05-05].https://www.humanities. ox.ac.uk/files/ppe100yearsreportpdf.

WILSON W, 1909. The spirit of learning[J]. Harvard graduate's magazine: 9-10.

WOODROW W, 1964. Address before the undergraduate press club, princinton, 15 April 1905, quoted in link, Wilson. the road to the White House[M]. Charleston: BiblioLife.

YEOMANS H A, 1948. Abbott Lawrence Lowell, 1856—1943 [M]. Cambridge, Mass.: Harvard University Press.